Klaus-Dieter Schönewerk

Museum für Wunder

Herausgegeben von Henry-Martin Klemt

Museum für Wunder

Klaus-Dieter Schönewerk

Die Gedichte

Herausgegeben von Henry-Martin Klemt

Bibliografische Information der Deutschen Nationalbibliothek:
Die Deutsche Nationalbibliothek verzeichnet diese Publikation in der Deutschen Nationalbibliografie; detaillierte bibliografische Daten sind im Internet über http://dnb.dnb.de abrufbar.

© 2016 Henry-Martin Klemt

Herstellung und Verlag: BoD – Books on Demand, Norderstedt
ISBN: 978-3-7392-2476-3

Vorwort des Herausgebers

Einige Gedichte von Klaus-Dieter Schönewerk sind verstreut in Anthologien erschienen, die meisten blieben bis heute ungedruckt. Der Dichter las, wenn man ihn vorzulesen bat. Oder wenn er selbst an der Reihe war, im Zirkel schreibender Arbeiter der Druckerei und des Verlags Neues Deutschland, den er 1972 mit seiner Frau Eva gründete, und der heute noch – inzwischen als Friedrichshainer Autorenkreis – besteht.

Ich war noch fast ein Kind, als ich dem Journalisten, Diplom-Germanisten und Kunstwissenschaftler aus der Kulturredaktion des Neuen Deutschlands zum ersten Mal begegnete. Meine Deutschlehrerin, seine Frau Eva, hatte mich dazu eingeladen. Auch sie eine Dichterin. Die beiden wurden zu meinen poetischen Eltern. Schönewerks poetischer Kanon war streng. Seine Formel: Im Zweifelsfalle streichen. Er war bereit, um ein Wort, einen Zeilenbruch ohne Gnade zu streiten. Aber nie vergaß er, nach dem Woher des Verses, nach dem Menschen also, zu fragen. Im Zentrum seiner Poetik stand der Paul Wiens zugeschriebene Satz: Gedichte entstehen aus der Untröstlichkeit.

Schönewerk wusste um den dunklen Ton in sich, der von Anfang an da war. Er haftete sich den Dingen an, die er immer wieder beschrieb: Nacht, Gras, Wind, Straße. Natur und Gesellschaftlichkeit durchdringen einander bei ihm nicht in vordergründigen Metaphern, aber eines ist immer im anderen präsent. Dazwischen der Mensch in seiner Kreatürlichkeit und in seiner Sehnsucht nach Nähe.

Tiefe Skepsis angesichts der Entwicklung des Staatssozialismus zur Staatskatastrophe ging bei Schönewerk einher mit dem Wissen um die Alternative: Barbarei. Ein Mann, der horchte, wo im Lärm die Stille wohnt, während das Fernsehgerät unablässig Nachrichten spuckte, der sich an einer Seite festhalten konnte aus den nahezu täglich wachsenden Bücherbergen, zwischen denen er lebte. Nicht nur dem Ungesagten, auch dem Unsagbaren eine Stimme leihen, das war Dichtung für ihn: der Schmerzlaut, die Klage über eine unüberwindliche Distanz.

Erst in der Beschäftigung mit seinem Nachlass seit seinem Tod im März 2014 ist mir das Existenzielle bewusst geworden, das Verführerische und zugleich Bedrohliche jenes Spannungsverhältnisses, in dem er lebte. Der Nachrichten-Junkie, der Medien-Süchtige, der Literatur-Messie, der rund um die Uhr die Welt hereinzureißen schien in seine vier Wände, fürchtete sie. Aus der Flut ihrer Abbilder richtete er einen Damm gegen die Wirklichkeit auf, eine Mauer, hinter der sich Schmerz und das tiefe Gefühl von Unzulänglichkeit verbergen ließen. Die Welt zu kennen, galt ihm nicht als Gewähr, sie zu genießen, sondern ihr zu entrinnen, ihren Erwartungen, ihrem Drängen auf Zugehörigkeit, Hörigkeit gar.

Klaus-Dieter Schönewerk war aufgewachsen als jemand, der Erwartungen erfüllen wollte. „Forscht, bis ihr wisst", hatte Brecht geraten, und der lyrische Übervater Johannes R. Becher, dessen Ehefrau Lilly den jungen Autor ermutigte, mahnte: „Die Macht ist euch gegeben, dass ihr sie nie, nie mehr aus euren Händen gebt." Wer die Welt verändern will, muss sich verbünden. Dem Primus fiel das leicht. Er führte das große Wort, respektlos, aber verlässlich, wurde – kaum erwachsen – Klubhausleiter, studierte Germanistik und Kunstgeschichte und leitete schon Arbeitsgemeinschaften schreibender Arbeiter und Studenten, gab Anthologien heraus, machte sich in der Presse bemerkbar und wurde Anfang der Siebzigerjahre einer der jüngsten Redakteure beim Zentralorgan der SED, dem Neuen Deutschland in Berlin. In der Abteilung Kultur zuständig für Kunst und später vor allem für DDR-Literatur, war er Teil des überschaubaren Netzwerks einmischungsfreudiger Schriftstellerei. Er war erfolgreich als Journalist, als Leiter des vielfach ausgezeichneten Zirkels schreibender Arbeiter, als Verteidiger des Ästhetischen in Kunst und Literatur gegen die Zumutungen der Ideologie. Gleichzeitig sind die Signale der Entfremdung, des Zweifels, des Ausweichens in den Gedichten dieser Zeit unüberhörbar.

Was Schönewerk in jungen Jahren und vereinzelt später noch zum Fortschritt sagen *wollte*, blieb eher affirmativ gegenüber Vorgefundenem und mutmaßlich Erwünschtem. Was Schönewerk sagen *musste*, maß in anderen Dimensionen. In den glücklichsten Momenten floss dennoch beides zusammen. Wenn er über Fritz Cremers Plastik „Der Gekreuzigte" schrieb: „Wer, wie er, so nackt ist, wird sich kleiden", dann war ein gesellschaftliches Jahrtausendprogramm skizziert, dass die sozialistische Provinz nicht wärmte, sondern frösteln machte ...

Und dennoch war ihre Niederlage auch die seine. Er hasste den Hass. Er war der Feindschaft feind. Und beides feierte Triumphe. Kam einer mit Erwerbslosigkeit, Arbeit für Almosen, verlegerischen Versuchen, die wirtschaftlich desaströs endeten, Entwürdigung in jeglicher Form – und Gedichten. Deshalb standen den Schreibenden auch weiter Herz und Türen offen – wie schon Jahrzehnte lang zuvor. In den Krisenzeiten fragte niemand, wer wen gerade nötiger hatte: der Literatur-Vater seinen Zirkel oder sein Zirkel ihn. Hier öffneten sich die Zwischen-Räume, in denen Auf-Leben möglich war. Und immer geliebt hat Schönewerk die von Kleist beschriebene „Verfertigung des Gedankens beim Reden".

Den Tod seiner Frau Eva hat Klaus-Dieter Schönewerk nicht verwunden. „Bis bald" ließ er auf die Kranzschleife drucken. Seine letzten Lebensjahre waren die Spanne zwischen Depression und Krebs. Todesnähe und der Seitenblick auf den allmählichen Verlust der eigenen Widerstandskraft durchdringen den Vers, den traurigen, trotzigen, in dem das immer Gewusste allmählich zum leidvoll Erfahrenen gerinnt. Dass er in diesen späten Versen vollkommen bei sich ankam, bei einem lakonisch-elegischen Ton, der die realexistierende Karikatur einer Gesellschaft des Gedichtes verweist, zeichnet den Dichter Klaus-Dieter Schönewerk aus. Mit den hier veröffentlichten mehr als 180 Gedichten findet er als Lyriker endlich den verdienten Weg in die Öffentlichkeit.

Henry-Martin Klemt, Januar 2016

Der Autor:

Klaus-Dieter Schönewerk

Klaus-Dieter Schönewerk wurde am 14. Februar 1942 in Greußen (Thüringen) geboren. Seine Mutter war Schrankenwärterin. Sein Vater starb als Soldat der Wehrmacht in Stalingrad. Nach dem Abitur arbeitete Klaus-Dieter Schönewerk als Redaktionsassistent bei der Zeitung „Das Volk" in Mühlhausen und als Leiter des Kulturhauses Greußen. Von 1962 bis 1967 studierte er an der Friedrich-Schiller-Universität in Jena Germanistik und Kunstgeschichte. 1970 heiratete er Eva Camilla Obst. Von 1967 bis 1992 war Klaus-Dieter Schönewerk Mitarbeiter der Kulturredaktion der Zeitung Neues Deutschland und dort zuständig für Bildende Kunst, später für Literatur – insbesondere DDR-Literatur – sowie Essayistik. Danach wechselten Arbeitslosigkeit und Arbeitsbeschaffungsmaßnahmen. So leitete Klaus-Dieter Schönewerk unter anderem die Kiez-Zeitung Mittendrin im Prenzlauer Berg in Berlin. Gemeinsam mit seiner Frau gründete er 1972 den Zirkel Schreibender Arbeiter der Druckerei und des Verlages Neues Deutschland – heute Friedrichshainer Autorenkreis –, den er bis zu seinem Tod leitete. Für seine Verdienste in der Literaturförderung wurde er unter anderem mit dem Kunstpreis des Freien Deutschen Gewerkschaftsbundes ausgezeichnet. Seit seiner Jugend veröffentlichte Klaus-Dieter Schönewerk vereinzelt Gedichte in Zeitungen, Zeitschriften und Anthologien, darunter in der „neuen deutschen literatur". Mit „Museum für Wunder" liegt erstmals eine Werkausgabe seines lyrischen Schaffens vor. Schönewerk starb am 6. März 2014.

Der Herausgeber:

Henry-Martin Klemt, geboren 1960 in Berlin, betreut den literarischen Nachlass von Klaus-Dieter Schönewerk, mit dem ihn bereits seit früher Jugend eine lebenslange Freundschaft verband. Klemt erlernte den Beruf eines Offsetdruckers, studierte nach der Armeezeit am Literaturinstitut „Johannes R. Becher", war als Mitarbeiter in der Abteilung Kultur des VEB Halbleiterwerk Frankfurt (Oder) beschäftigt und wurde 1988 freischaffender Schriftsteller. Von 1990 bis 1994 arbeitete er als Feuilletonredakteur bei einer Tageszeitung. Seitdem ist er freiberuflich als Text- und Bild-Journalist in Frankfurt (Oder) tätig.

Henry-Martin Klemt

Klemt ist Lyriker, Liedtexter und Nachdichter. Seit den 1970er Jahren erschienen Texte von ihm in mehreren Sprachen in Zeitungen, Zeitschriften, Kalendern und Anthologien (unter anderem „Lyrik der DDR" bei Fischer) und wurden ins Repertoire von Chören, Liedermachern und Gruppen aufgenommen. Seit 1987 veröffentlichte Klemt sieben Gedichtbände. Außerdem wirkte er als Textautor an mehr als einem Dutzend CD-Produktionen mit.

Klemts Arbeiten wurden mehrfach ausgezeichnet, unter anderem mit dem Ehm-Welk-Preis 1996, einem Preis des Festivals Internazionale di Poesia in Genua (Italien) 1997, dem Heinrich-Vetter-Literaturpreis 2005 und dem Ersten Preis für Lyrik bei der 10. Bonner Buchmesse Migration 2015. Dieses Jahr erscheinen von ihm „Mich ritt die schöne Kellnerin – Liebesgedichte" und „wurzelland.wo – Gedichte". Weitere Informationen unter: www.hmklemt.de

Mein Leben

Ach, das sind wir
vergeßlich
In uns ist
die Höhlung,
aus der wir
entfliehen
aus der Geborgenheit
ausgestoßen
weil die Zeit
reif ist
Sein Anfang ist
nachher
und vorher
ist immer
zu früh
Immer sind wir
gepflanzt
die Blume im Garten
und bestehn auf
dem Feld
das der Pflug aufreißt:
Die Zeit.
Ach, das sind wir
vergeßlich
Wir können uns
nicht mehr erinnern
Alles muß
unterliegen
Wo ich hingeh
bleibt mir verborgen
Ich beklag mein
Gedächtnis

*... und überall hin
kannst du gehen*

***

Wo ein Weg ist
sind andere gegangen
Jeder Weg ist
einmal zu End
Als Erde, die
keinen Fuß kennt
haben alle
Wege angefangen.

Wo kommst du her
wohin wirst du gehen
Jeder Weg führt
auch zum Beginn
Nach dem ersten
Schritt zu dir hin
mußt du weiter
kannst dich nicht mehr drehen

September 1979, Petzow

Kindheit

Solche Sommer.
Hinterm Haus der Garten
die Welt.
In der Schräge
ein Fliederbaum.
Blauer Maiduft.
Großvater schnitt
für die Vase
Zweige soviel
wie meine Hände
einschlossen.
Er blüht wieder reichlich,
sagt er, der letzte Baum
vom gefällten
Schattenreich ...
der Schwertlilien
vor der Laube.

Festung, um die
wilder Wein und die Ranken
des Pfeifenkrauts stritten.
Ahnungsvolle Zuflucht,
wenn der Regen anklopfte
auf den Blättern.
Saß mit dem Wind zu Tische
mit himbeerroten Fingern
zwischen Spargelkraut.
Da war ich nimmer
zu sehn.

Das ist nicht schlimm,
daß jedes Geheimnis
hinauswächst
über die Spitzen des Grüns,
die es verbergen.
Wenn es sich zeigt,
muß man die
Augen schließen.

***

Bevor das Auge lernt, daß wir in Räumen leben
daß zwischen nah und fern die Welt zersprungen ist
bevor sich Bilder von den Dingen lösen, schweben –
wie ist der Blick so sicher, daß er Wahrheit mißt

Die Bäume grün, die Städte wohnlich, hell die Tage
Der Mensch darf lieben schon und hassen muß er noch
Wer schon die Antwort hat, was soll dem noch die Frage?
War's anders je: Nur was von unten kommt, kommt hoch?

Solang das Auge lernt, daß alles sichtbar wäre
solange sieht es nicht, was im Verborgnen bleibt
solang bleibt jeder Schritt ein Schritt ins Ungefähre
und jedes Zeichen nur ein Wort, das einer schreibt

Wer seine Wurzeln sucht, muß in der Erde graben
Wir sehn nicht unsern Grund, auch wenn wir Augen haben

***

Vierfaches Verbergen:
Die Erde
hat's mich gelehrt.
Eintauchen
in die Nacht,
dann deckt
das Gras die Wunden
eines Schritts,
und wenn es müd wird,
kommt der Schnee.
Doch an den kurzen Tagen
eine Weile
hüllt nichts die Blöße ein
als nur der Schlaf.
In ihm verbirgt sich,
was uns sonst verbirgt.

Sehen II

Hab dich gesehen
unter dem Segel des Monds
oder hinter den sieben Schleiern
des Sonnenregens –

Wie die Bäume flaggten
hab ich gesehn
und die fröhliche Stadt.

Hab gesehn –
wie die Blumen grüßten
und die Lächeln blühten
auf unserem Wege.

Hab gesehn
unter dem Segel des Monds,
hinter den sieben Schleiern
des Sonnenregens –
die Freundlichkeit
unseres Himmels.

Stunde der Wunder

Die Schwestern der Dämmerung, die Krähen,
streuten den Samen des Winters
über das Land.

Durchs graue Gebräu
Des Morgens, lautlos
Stampften die Riesen,
verkleidet als Bäume.

Da ist etwas andres geschehn.

Schon zwackt die Ahnung
Des Schnees die tastenden
Fingerspitzen
Wegweiser verweigern
Die Auskunft.

Filzpantoffelleis
Die Schritte.
Ein Museum für Wunder,
Nur Einlaß in
Dieser Stunde,
Wenn die Augen
Nichts sehn.
Wenn die Ohren
Den eigenen Herzschlag
Hören oder das
Öffnen einer Tür
Von weit her.

Da ist alles verborgen
Und überall hin
Kannst du gehen.

Du

Die Häuser atmen, alle Stunden brennen.
Zur sichren Brücke wird ein leises Wort.
Die Trauerweide steht vergessen, dorrt –
wie konnt ich leben, ohne dich zu kennen.

Du schreibst auf meiner Haut mit deinen Küssen.
Du schließt mein Lachen auf, schließt du mich ein.
Bist du auch müd vom Tag – du nimmst den Stein,
den ich sonst durch den Traum hätt tragen müssen.

Wir schaffen täglich neu die Welt und nennen
beim Namen, was wir tun und wer wir sind.
Sind manchmal auseinander sternenweit

und irrn im Licht und in der Dunkelheit.
Wo alle Wege enden, da beginnt
der weite Weg, auf dem wir uns nicht trennen.

Der Mond

war halb.
Gebrochene Blüte
im seichten Gewölk am Himmelsufer.
Nicht sang die Nachtigall.
Die Frösche quarrten.

Geruch von Gras
schwamm streifig übers Feld.

Du warst zwei Schritte vor mir.
Die Wege sanken in die Dunkelheit
Im stummen Gehen –
vor unsern Augen –
wurden wir uns fremd.

Wir atmeten die Lust –
uns zu entdecken.
Und nie betretnes Land
ergab sich unsern Füßen.

Geruch von Gras
schwamm streifig übers Feld.

***

Kann sein, daß Regen rann,
kann sein,
kann sein, daß keine Wolke
war,
daß Abend flammte um die
Stadt,
kann sein –
Da blieb die gelbe Rose
blätterlos zurück
und einen Atemzug lang
noch
sah ich dein Haar am Fenster.
Die Stundenblume welkt
wie Mohn im Sand
und Schweigen wächst nicht
schnell genug,
um´s zu verstehn.

Kann sein, daß Gras floß
unter meinen Füßen.
Die Bernsteinsplitter deiner
Augen deckt der Schlaf.
Ich ging davon und kam.

Kann sein, der Asphalt
schmolz mich ein,
dann steh ich morgen noch
und geh, kann sein.

Das war ...

Das war – Glück unter dem Regen
neben dem Kirschenbaum
Da hab ich mit dir gelegen
gleich unter dem großen Regen
mit dir und dem Wind und dem Traum.

Das war – als die Wolken flogen
über dem Kirschenbaum
Da hat mich dein Wort belogen
dort unter dem Regenbogen
Du mich und den Wind und den Traum

Das war – Glück unter dem Regen
mit Wind und mit dem Traum
Da hab ich mit dir gelegen
die Haut war so naß vom Regen
so naß wie der Kischenbaum

***

Trieb ein welkes Blatt im Wind
Schwamm in Nebelwogen
Straßen – leer und Fenster – blind
Bin schon weit gezogen

Sah das Blatt im Frühling schon
Hab es abgebrochen
Trug es mit dem Lerchenton
Durch den Fluß der Wochen

Denke stets an jenen Baum
Wo im Gras wir lagen
Ging nur immer wie im Traum
Hab das Blatt getragen

Laß es fliegen nun im Wind
Soll den Weg mir zeigen
Und ich weiß, daß ich dich find
Wenn die Lerchen steigen

Die Segnungen des Nebels

Der Nebel ist so traurig nicht
Wie manche Dichter sagen.
Ich seh im Nebel dein Gesicht
Was hab ich da zu klagen.

Und wenn wir dann spazieren gehn
Hüllt uns der Nebel ein.
Die Leute können uns nicht sehn
Und wir sind nur zu zwein.

So mancher süße Nebelkuß
Färbt unsre Lippen rot.
Wer glaubt da noch, der Nebel muß
Nur sein der Liebe Tod.

Der Nebel ist so traurig nicht
Er hütet unser Lachen
Und weicher wird das Tageslicht
Und traumvoll das Erwachen.

Weißt Du ...

Weißt du, manchmal kommt der Abend
unter einer Wolkendecke,
scheuert regennaß die Straße,
die mich immer zu dir bracht.

Weißt du, Sterne sind ertrunken,
wollt sie deinen Augen schenken.
Nur die letzten Tropfen Sonne
sind nun mein Geschenk für dich.

Weißt du, manchmal kommt der Abend,
fröstelnd und zu müd zum Lärmen.
Leise bringt er dir mein Lächeln,
weint dein helles Fenster zu.

Ich bin nur mit der Nacht allein

Die Mutter Nacht steigt aus der Tiefe
und füllt mich aus und hüllt mich ein
und scheint es mir, daß jemand riefe –
Ich bin doch nur mit ihr allein.

Wenn ich am Tag die Augen suche,
die mich verbrannt, die mit mir gehen,
dann liest die Nacht aus ihrem Buche
ein Märchen mir: Sie kann verstehn.

Und will ich vor ihr einmal fliehen
und jage meinen Träumen nach ...
Wenn abends mir die Lippen glühen,
dann küßt ihr kalter Kuß mich wach.

Die Mutter Nacht steigt aus der Tiefe
und füllt mich aus und hüllt mich ein
und scheint es, daß mich jemand riefe –
dann kann es nur der Nachtwind sein.

Sehnsucht ...
(Für H.G.)

Wenn mich der schwarze Mantel
Der Nacht umhüllt
Und sich das Schweigen
Wie ein Kerker um mich legt,
Wenn sich das bizarre Geäst
Regloser Bäume
Verwandelt in dürre Gerippe
Der Einsamkeit,
Ruft mein Herz nach Dir.

Wenn mir der Atem des Windes
Die Haare durchkämmt,
Schwarzbrotgeruch der Erde
Schwer
Mir in die Glieder steigt
Treibt es mich durch Straßenschlangen –
Mit Laternenzeigefingern
Ausstaffiert.
Die Augen brennen Löcher
In die Dunkelheit.

Eine Jazz-Band heult
Den Grinsmond an.

Die Wodkaflut
Überspült nicht die Gedanken
An Dich.

In der Glut der Zigarette
Seh ich Deine Augen,
Und wo ich hinschau
Sind sie immerzu.
Doch Du
bist weit im „Irgendwo"…

Mein Puls schlägt Deinen Namen
In die heiße Stirn
Und ruft
Nach Dir.

***

In jener nacht, die schattenlos und weich war,
als ich von dir ging,
als deine nähe langsam schwand
und fern im fluß versank –
da glitt der mond sehr sacht
aus seiner haut
und hing fast violett
und ohne scham im nichts.

In jener nacht, du träumtest sicher schon,
da fiel die haut des monds
ein fallschirm riesengroß
auf mich herab
und war mir plötzlich eine zweite haut

so ging ich fort von dir in jener nacht
und leuchtete die wege aus, die ich nie geh.
weit oben hing der mond,
war nackt und violett
und irgendwie sehr nah und unbekannt.

***

Du gehst durch mich hindurch
als seist du nie gewesen
und deine Worte sind wie Wind,
der im Frühling stirbt.
Da war dein Haar,
ich hab es nie gesehn,
und deine Brüste
sind in Luft zerflossen
und deine Schenkel
sind erstarrt zu Stein am Weg.
Dein Leib ist nur die Wiese
auf die ich nachts mich lege..
Was bleibt, bin ich
und irgendwo ein brüderlicher Stern
im regenwarmen Gras.
An der Straße zu meiner Wiese
steht kahl ein Laternenmast,
dessen Lichtermütze mich
ins Dunkel entläßt.

Singend und sacht

Streicht der Wind durch die Nacht.
Ruhlos
Und groß
Ist die Sehnsucht erwacht.

Verse sind alt,
Jedes Wort ist zu kalt:
Reglos
Und bloß
Steht die nackte Gestalt.
Segel im See.
Schwarzer Rauch fällt als Schnee.
Farblos
Wächst Moos
Über todwundes Weh.

1959

vom wind

der wind fällt von den bäumen
hinab in den kühlen schnee
beladen mit meinen träumen
und duft vom blühenden klee

dort liegt er unter sternen
die er schon im sommer sah
im schlaf vergißt er die fernen
und das was mit uns geschah

der wind fliegt durch die bäume
am morgen der wieder lacht
doch liegen da meine träume
erfroren noch in der nacht

1962

Wenn Liebe stirbt

Farben sterben,
Klänge löschen aus.
O Häuser stürzen ein!
Kotzen über unsere Liebe
Tausend Meter Einsamkeit.
Und Schweigen schrillt
In die zerfetzenden Schluchten.
Weiß ist der Himmel geworden.
Stimme und Schritt sind verstummt
Im besoffenen Licht.

1962

Bitte

Nimm das Bild von der Wand,
war ein leuchtendes Fenster –
über der Wiese
brannte der Wind.
Durch schwingendes Gras
pflügten wir unsern Pfad.
Wo die Erde den Himmel trank,
im Wegelosen,
an der brütenden Weide,
waren wir nimmer zu sehn,
schmeckten das bittre Gras und ließen
uns fallen dorthin, wo ein Bild neu beginnt,
löwenzahngelb; und die Lippen dürsten.

Jäh
blutet der Mohn, dann
flügeln die Wolken grau ihre Last
nachtwärts.
Kalt senst der Frost Blüten,
Abschied klirrt
gepanzerter Reiter – Wirklichkeit.
Stahl schneidet den Himmel entzwei.
Nimm das Bild von der Wand.
Die Sonne ist schon erfroren.

***

Laß mich fortgehn in ein fernes Land
Laß mich fortgehn in die Dunkelheit
Träume bluten hierzulande grell

Laß mich fortgehn. Wink noch mit der Hand
Laß mich fortgehn, denn du bist schon weit
Unsre Worte sind schon ohne Laut

Unsre Rose welkte viel zu schnell
Laß mich fortgehn, eh der Tag versinkt
Laß mich fortgehn in ein fernes Land

Wo die Nacht den Kelch des Lichts austrinkt
Laß mich gehn, wir sind uns unbekannt
Laß mich fortgehn, ich bin ohne Haut

Sommerende

Grauer Pinselstrich des Regens
dämpft das Licht. Kontur und Farben
hülln sich ein. An der Straße die
hundertjährige Buche
zeichnet
ihr Dach auf steinerne Scheiben.
Grasaugen, untröstlich,
nur aus Schnee wächst ihr Lid.
Ach, Abschied, zauderndes Frösteln,
Zeile für Zeile
schreibt sich mir in die Hand,
Blüten und Häuser und Gras.
Jedes Geheimnis hat
sein eigenes Alphabet.

1978

***

Voll Stein
grauer Morgen.
Nacht gießt die letzten Schatten
in den Kelch, trink,
die Stille tagt in den Wiegen
einsamer Bäume
im Erdloch zwischen
dem Asphalt,
der Himmel springt ins Gesicht
nicht hier voll Übermut,
am Tagestor
stemmt sich der Lärm
gegen die Brust,
klingelt die Sonne sich hoch –
mühsam scheint´s, eilt
sie den Wolkenfischen nach.
Dünn wie ein Blatt
hangelt der Mond sich
an den Rand meiner
erreichbaren Welt.

Straße

Straße
Graues Band
Zerhackt
Geriffelt
Waffeleisen
Nur unendlich lang.

Straße
Fluß –
Zu müd fast schon
Zum Wandern.

Wo ist die Quelle,
Die Dich ausgespien?

Wie ich so steh´
Gehst du durch mich
Hindurch
Und dreh ich mich,
Ist vorn und hinten gleichermaßen
Überall.

Sag,
Wohin streckst du dich?
Wohnt
Hinter jenen Bergen,
Wo du im dämm´rigen Blau
Dich verlierst für mein Aug´,
Der Sang der Vögel,
Den niemand je stört?

Wo soll ich hingeh´n?
Führst du mich jemals zum Ziel?

Straße – verstaubtes Gewürm.
Vielleicht nur ein Ring,
Der nimmermehr endet.

So setz´ ich den Fuß
Irgendwohin
Und gehe.

***

Noch geben die Hände Antwort.
Sie greifen die Luft
vor dem Fenster.
Sekundenhagel
trifft auf die Haut.
Dann bindet der Schlaf
meinen Schmerz
und liefert mich aus.

Da legt sich die Straße auf mich,
da trommeln die Schritte mich wach.
Da komm ich nicht mehr davon.

Der Tag holt mich ein
und ein vergessenes Wort,
das um Einlaß bat,
als noch Zeit war.

Mich schützt keine Nacht mehr.
In meinen Händen brennen die Fragen.

Am Ende war der Anfang

I
Sieh!
Der Tag,
Der mich gebar
War
Grau.

Und Krähen flogen
Hungrig
Über's Land.
Ihr Schrei
Verklirrte
Im erstarrte Blut
Der Toten.

Die dunklen Schwärme
Stießen
Auf sie nieder –
Des Todes Wolke –
Mit giervollem
Gekächz
Und fanden
Eis.

Welch grauer Ton,
Der bis in meine Wiege drang.

II
Und Marschtritt –
Links, zwei, drei –
Ihr feldgrauen Kolonnen.
Er ist
Verhallt...
Im weiten Sowjetland.
Wo blieb das
Siegen
Hier, vor Stalingrad?

Heut´
Frag ich dich:
Was suchtest Vater du
Auf fremder Erde?
Wer lud dich ein?

Die Stalinorgel
War dein
Grabgesang.
Der rote Schneesturm
Blies den Wahnwitz fort.

Doch du...

Die Krähen pickten
An verstreuten Gliedern.

Wer lud dich ein?
Dein Heldentod –
Für wen?

Der Tag,
Der mich gebar
War grau.

Zurück!
Hier ist das Ende!
Hier muß der Anfang sein!

So setz´ ich den Fuß
Nach vorn
Und weiß,
Wo ich hingeh´n muß.

III
Grau
Schwimmen Wolken
Wie die Straße – grau.
Ich geh –
Der Wind begleitet mich
Und singt.

Schwer ist der Schritt.

Noch ungepflastert
Ist der schmale Weg.
Doch wo ich hinschau
Sind gepflügte Äcker;
Weit –
Unendlich weit.
Und ich bin
Nah
Dem Bruder
Mensch.

***

Ins Meer der Geschichte
geschickt
nach Deutschland von Josef Stalin
die größte Bohrinsel der
östlichen Welt,
zu suchen das Öl, das
die Zukunft schmiert
das Kapital des Sozialismus.
Bei Schwerin pumpte sie
ein paar Tropfen.

Trier war
unerreichbar
hinter dem Vorhang aus Eisen,
gefördert in Kursk
geschmolzen in Detroit.
Ach, welche Erfindung
aus Dreck wurde Beton.
Daraus waren Häuser
und Grenzen gemacht.
Die drei größten Länder der Welt
USA, UdSSR, Unsere DDR
gaben der Erde den Laufpaß.
Sie bohrten den
Kosmos an.
Da brach das Nichts ein.
Das blieb nur,
wo nichts war.
Im Meer der Geschichte
versank
nach Deutschland geschickt von Josef Stalin
die größte Bohrinsel der östlichen Welt
von der ist die Rede
wie von Atlantis.

Alles zu spät,
Trier ist erreichbar
Die Grundstücke sind verkauft
und keiner schickt mehr
eine Bohrinsel ins
Meer der Geschichte
Dort warten die Haie
auf die Fischer
geduldig.
Die Satten fressen
die Hungrigen
und irgendein Dichter
sah: Seit Jahrtausenden
war das
Meer der Geschichte
eine Fata Morgana
inmitten der Wüste

Über die Ja-Sager

Sie sind die Ausrufezeichen
an der Schreibmaschine des Lebens.
Garantiert funktionssicher.
Ein Druck auf die Taste –
schon der sanfteste genügt –
und sie salutieren
hinter Richtigem und Falschem.
Was nützt denn der Kopf auf den
Schultern,
wenn man ihn vom Denken verschont.
Das ist – wie ein Feld ohne Saaten
und ein Haus, in dem niemand wohnt.

Sag ihnen, es regnet,
wenn die Sonne scheint.
Sie sagen: Ja
und schauen nicht aus dem Fenster.
Das ist das Einfache,
das leicht zu machen ist.
Was nützt denn der Kopf auf den
Schultern,
wenn man ihm von Denken verschont?
Das ist – wie ein Feld ohne Saaten
und ein Haus, in dem niemand wohnt.

1963

Heiserkeit

Ich wohn am rande der welt
In den kellern der angst
Da
Wo die schwarzen schwäne herkommen
Und die schwarze rose
Die nacht gebärt

Ich wohn am rande der welt
Aber wo ist die mitte

Wind hechelt vom meer her
Weiß glutet sonne über
Die rippigen blätter der linden
Städte kauern vor dem sprung in die wiesen
Sirenen jauchzen dem großen tod entgegen

Da wohn ich
Am rand der welt
In der mitte

Samten kommt die trauer
Ich suche sie zu flechten
Peitsche aus brennesseln

Noch fliegen um den kyffhäuser
Die raben

Ich wohn in der mitte der welt

Orpheus ist heiser geworden

Heimweg

Verloren wieder
Aus rollendem Lichtgeviert,
Das unter den Häusern
Mich wegspült
An die Küste
Mitternacht –

Dienstfertig fächert
Geschwätziger Regen
Laternenleuchten.

Noch murmeln Wortbäche tagher,
Schritte wurzeln im Asphalt,
Gedächtnis blüht
An der Tür,
Die mich knarrend
Willkommen heißt.

Im Schlafboot nun
Segle ich den Morgen an,
Den tagdurstigen Burschen.
Ungeduldig
Agitiert mich der Wind.

***

Sterblich sind sie
Wie wir
Die Steine
Gebrannt vom Feuer
Aus der Form gepresst
Vom Gewühl der Zeit
Manchmal am Morgen
Finde ich
In der Mitte
Oder am Rand
Einen Tropfen
Der salzig schmeckt
Wie eine Träne
Wir heben sie auf
Die Steine
Bauen Häuser aus ihnen,
Treffen den,
Der uns nahkommt,
Mauern uns ein

Mauersonett

Die Dornen aus Stacheldraht schneiden den Wind,
und Worte sind Schnee in dem Stahl der Mauer.
Mein Lachen klingt spröde, noch eh' es beginnt,
wie Glas in das Schweigen. In Wissen und Trauer.

Die Gifte, die töten, zerfrieren im Eis.
Und Stacheldraht, Mauer behüten das Leben,
das Lachen und alle die Küsse – ich weiß.
Doch über uns Himmel – so schwer, ohne Schweben.

Ein Schwamm, der die Bitterkeit säuft und das Weinen
und Sehnsucht, der Himmel – ein Schwamm, sehr, sehr blau.
Durchfrostete Lippen. Nur Wissen ist rauh:

Die Dornen aus Stacheldraht schneiden den Wind.
Wenn einst alle Winde zerschnitten sind,
steh' ich dann stumm und kalt an den Steinen.

September / Oktober 1964

***

In diesem Nebel
dem Stundensud
Ahnung, drin sich
auflöst, was
noch gewiß war,
der Weg, der die Füße
trug bis hierher
und die Füße,
die kannten den Weg
bis dorthin
jetzt sind die Bilder
weiß
wie Schnee und Papier
wie das Erschrecken
wie Sonntagshemden
wie der Tod
wie das erste Wort

***

Das Gras
vergaß die Erde
vergaß den Regen
vergaß Sonne und Wind
und den Fuß
der es niedertrat

Da vergaß
die Erde das Gras
der Regen vergaß es
wie Sonne und Wind
und der Fuß vergaß es
der ihm am
nächsten war

Das Gras
ist das Gras
weil es nichts vergaß

Durchgang

Noch vor dem ersten Schritt: Da ist dein Zimmer
und über dir der Himmel, der ist weiß
und weit und leer: und so hoch reichst du nimmer.
Da wird dir kalt und danach wird dir heiß.

Das sind die Tränen, die wie Feuer brennen,
die schmelzen zu die Tür, durch die du kamst.
Bald kannst du vor der Wand die Wand der Welt erkennen
und du hast nichts, was du nicht vorher nahmst.

Dein Fenster, auch das eine, ist vergittert,
doch eines Tages ist es nur ein Loch.
Bis dahin sieht es eine Hand, die zittert,
und wenn du springst, es sieht sie immer noch.

***

So beginnt´s:
Türen aufstoßen
Ewige Erwartung –
Dahinter:
Ein größerer Raum

Immer wieder
Setz ich die Füße
Über die Schwelle
Da ist eine
Welt zu entdecken

Und noch eine
Da ist Platz
Für mich und dich
Freunde, die Feinde auch
Und die Unbekannten
Hinter jeder Tür

Da ist die Zeit
Anders
Alt und neu
Ein Gemisch
Das die Lungen reizt
Und juckt in den
Fingern

Bleiben
Soll nichts
Was uns drückt
Und umwirft,
Außer
Müdigkeit
Nach geschlagener
Schlacht

Hinter jeder Tür
Mehr Platz für die
Freundlichkeiten, die
Türen aufbrechen
Und zumauern,
Wenn keine
Mehr nachkommen

Die einpflanzen
Die flüchtige Blume
Glück
In Geröll und in
Fruchtbaren Boden

Dann:
Eine Tür
Da gehen
Viele hindurch
Da kehrt
Keiner zurück
Wie immer
Eine gewöhnliche
Tür
Für alle andern

Von Anfang an

Bei unserem ersten Atemzug ist in uns die Saite gestimmt,
ob die Nacht sie streicht, ob der Tag sie schlägt,
wenn man dich auch über die Steine trägt,
unhörbar schwingt sie und weiß es schon.
Schwerelos und eine Last, die dich stützt und beugt,
weil sie keiner nimmt.
Von weit her ein Klang, ein altes Lied.
So seltsam, was da mit mir geschieht.
Er füllt mich ganz aus, der dunkle Ton

Zwischen der Zeit

Von irgendwoher kommt das eine
das andre geht nirgendwo hin

Seltsam, da zeichnen sich Bilder
unterm geschlossenen Lid
Träume sind wie ein Filter
vor dem, was morgen geschieht

Was sein wird, ist schon vergangen
Träume sind zwischen der Zeit
Erinnern, Verlangen und Bangen
Nähe wird unendlich weit.

Von nirgendwoher kommt das eine
das andre geht irgendwo hin

***

Wohin wir gehen,
das wissen die Füße besser
wo keine Spur ist
von uns,
beginnt unser Weg.

Januar 76

Wo Tal und Höhe sich begegnen,
sind hier die Übergänge
sanft, aber die Kanten –
die Messer versunkener Tage –
schwingt die Kontur des Grases.
Hier mußt du gehen
mit nackten Füßen,
jede Stunde gießt
ihr eignes Licht
und jeder Schritt
gibt neue Bilder frei.
Was du heut nicht siehst,
sieht keiner mehr.
Mit nackten Füßen / mußt du gehen.

Die Erde atmet,
Jahrtausend und Sekunden
schmelzen auf der Haut.

Auf dem Berg

I
Oben.
Noch schwimmt
die Müh dir ums Knie
Schon liegen dir
dort wo du herkommst
die Ansichten aller
Richtungen zu Füßen.
Hier
bläst dir der Wind
nicht ins Gesicht
wenn
du ihm den Rücken kehrst.

II
Aus den Niederungen
bist du gekommen
in den Schatten
der Berge.
Über die Ebenen
peitscht der Wind
Wer ihn
dort im Rücke hat
kommt vorwärts.
Bläst er zu stark
kannst du
an Bäumen dich halten
solang die Kraft
reicht.

III
Oben.

***

Die Stimmen der Erde, ich weiß noch,
die Wiese summt, sommerwarm, hell
Antennengras auf den Wegen, Berge
dumpf schwebt ihr Ton in der Ferne
der Fuß begegnet dem Schatten, die Bäume
zeichnen den Takt in die Ebene, ich weiß noch
das Lied war ohne Worte, zwischen den Schritten
der Raum war noch die Welt, und die Laterne
vor dem Haus hing bei den Sternen.

Laut waren die Stimmen der Blüten, Bienengesumm
die Dämmerung rauscht wie das Meer,
da hörten die Augen auch, da sahen die Ohren
So blieb´s nicht, über den Kopf wuchs die Haut
der Stadt, Asphalt, Jahr für Jahr, Schicht um Schicht.
Da türmten sich Steine, Häuser schlucken den Tag,
ein anderes Gesetz regiert, lärmend, Gewohnheit
hat Macht! Nur manchmal, geh ich
durch den Wald, zur Wiese, dem Berg, frag ich
ein Kind, ob sie noch klingen, die Stimmen der Erde.

Wie sollt ich glauben

Wüßt ich´s nicht
von der krumigen Erde,
dem Perlregen, der ihr
Glanz gibt und
Queckenwurzeln aufweckt –
wie sollt ich glauben
den Worten,
Mitteilungen,
Gesetzblättern.
Wenn das Grün aufspitzt,
hat es
alle Weisheit getrunken
unter den Füßen.

Die Finger zupfen´s aus,
ein herber Geschmack
auf der Zunge,
wir verdaun alles
und geben´s zurück
jedes Jahr.
Im Garten blüht
das Vergißmeinnicht
und das Hirtenkraut
an der Wiese
wacht über den Wind.

Auf Bruch

Nun zieh die Haut ab
den unvergänglichen Schatten
den sonnenscheuen
Nichts bleibt wie es ist
wer weiß
Gedichte stehn zwischen den Zeilen

***

das wort
fällt
uralte Eichen
unterm Beifall
und fällt
in die selbst gegrabene
Grube
und hinein
auf Verführung
und unter die
Mörder
und ein in
Kirschbäume wie Stare
und fällt
ins Bodenlose
und fällt
ins Herz

***

Grün reden die Bäume
am Morgen
Leis noch ihr Wort,
das die Wurzeln heben
vom Grund.

Warum nur versteh ich´s
hab oft schon gegraben
tief,
aufgebrochenen Stein
der vorm Tor liegt,
hinter dem das Geheimnis quillt.
Treffe auf staubige Öde,
verschollen das Zeichen,
das ich einst –
weiß nicht mehr, wann –
zurückließ:
Grün reden die Bäume.
Warum nur versteh ich´s, warum?

Das Gras

Da war das Gras, und der Wind ging drüber.
Es neigte sich vor der andern Nacht.
Der Wind war stark, und der Wind war sacht.
Er brachte das Eis, und er trug das Fieber.

Da ist nur Gras, der Fuß tritt es nieder.
Wo einer ging, werden andre gehen,
wo andre gehen, werden viele sehen:
Da ist ein Weg, und sie folgen wieder.

Mit grünen Zungen redet die Erde.
Sie flüstert und sirrt und gibt uns Zeichen.
Sie weiß von uns, dieses Stirb und Werde
und wem wir fremd sind und wem wir gleichen.

Da ist das Gras, in das ich mich lege.
Wenn ich ihm lausch, trägt es meine Last.
Zertrat es schon, noch vor meiner Rast,
und weiß und sag´s und bahnte doch Wege.

***

Manchmal im Sommer
wenn die Nacht in mein Zimmer kommt
und von irgendwoher eine Stimme mitbringt
auch einen Hauch von Margeritenduft
aus dem schlafenden Garten,
nehm ich aus ihrer streichelnden Hand
den Schlüssel für die Räume in mir
wo die Fremdheit wohnt.

Da trete ich Sterne aus
weil sie blenden
und geh durch stählerne Wände
Schwimme durch Ozeane
als ein Fisch der Jurazeit
der seine Welt nicht mehr kennt
Ich durchjage verrußte Himmel
die Sonne ist ausgebrannt
an den Resten des Monds nagen die Ratten
Eine einsame Straßenbahn
quietscht in der Milchstraßenkurve
Sie ist ohne Fahrer und dunkel
weil ich sie nicht sehen soll

Manchmal im Sommer
wenn die Nacht in mein Zimmer kommt
mit den üblichen Requisiten
streife ich durch die Räume in mir
wo die Fremdheit wohnt
und bin endlich
zu Hause

***

Auf einer Straße
schau dich um,
wo du herkommst.
Vernarbt ist die Wunde,
die tausendfach
du der Erde schlugst.
Unter dir tönt das steinerne Band.
Jeder Schritt ist ein Nachher.
Hast Zeile für Zeile
der Häuser geschrieben
auf geduldigen Grund.
Die Laternen – Ausrufezeichen
wiegen sich.
Vielleicht Statistik in Versen.
Lies!
Laut lies den Text!
Schon glitt der Anfang
weit hinter den Horizont.
Die Linie versagt.
Spann den Bogen
Erinnerung.
Trink vom Brunnen der Märchen.
Schärfer wird dann dein Blick.

Letzte Nacht

Letzte Nacht
ist der Winter ertrunken.
Grau ritt der Sturm
übers Land
und er trieb
Bäume und Mond
durch den Sand.

War kein Weg
mehr für unsere Füße
Wild schrie ein Zug
vorm Signal
Drang ein Lied
voll bitterer Süße
in unser Wort
scharfer Stahl

Letzte Nacht
unterm Mantel aus Regen
Draußen und weit
vor der Stadt
da brach der Acker auf
und Gras gebar sich neu

Letzte Nacht
ritt der Sturm uns entgegen
laut lachend und
sonnensatt

April

Birke und Ahorn
tragen noch Winterfrost
auf winzigen Blättern
schichtweis, zerspellt
der Wolkenstuck
unterm Blau.
Dies seh ich vom
Fenster im Hochhaus.
Daneben:
Der Bagger beißt
tief in den Boden,
nicht die Bäume wurzeln
künftig an dieser Stelle.
Hier
gründet ein Haus
sein Skelett.
Die schrägen Fäden
der Tropfen
hör ich nicht mehr
im Getös,
nicht meine Stimme
vor der Tür
noch das Atmen
vorm Schlaf.

Dies alles
geb ich dem Haus,
das spürt dann –
wie ich heut –
die Freudentränen
des Frühlings.
Nur, fürcht ich,
taub ist´s für
die Schläge
des Regens,
der über die Blätter streicht.

April II

Die Stunde steigt. Von makellosem Blau
Der Himmel, und ein Licht, das weiß
Vom Sommer alles, atmet leis
Und ist gefangen, schon schließt sich der Kreis.
Da stürzt, was hell war, weiter in das Grau.

Die Birke biegt sich, weil sie längst verriet
Mit ihrem Grün: Die Tage sind
von andrer Art, peitscht auch der Wind.
Der kalte Regen macht uns nicht mehr blind.
Da ist so nah, was man von weitem sieht.

Sanduhr

Eine Handvoll Sand
Den halten die Finger nicht
Auf
Der weiß vom Wasser
Jeglicher Quelle
Welche Entdeckung
Sand rinnt
Als Maß der Zeit
Im gläsernen Gefängnis
Durstig

Frühlingsprotokoll

Gesprengt
hat das Jahr
die Kalendergitter
Langarmig
holt es die Sonne
vom Blau
und sät ihren Glanz in die Äcker.

Fensterkissen
Gardinenfahnen
Die Ohren der Bäume
färbt unser Lachen grün
Wir pflanzen Lieder ein
ins Rollern der Züge

Im Asphalt
treibt das Glück
seine Blüten –
für jeden genug
zum alltäglichen Strauß

Ein gelber
Ohnewolkenbruch
läßt uns waten
in warmen Straßenströmen
Der Morgen
bürstet den Staub
aus des Wimpern
und Sonne webt einen Teppich
unter den Füßen –
Ankunft und
Abschied
Eilig ist
unser Schritt

***

Blüten öffnen sich, die Wurzeln geben,
was die Erde geben kann.
Was verging und starb in frühren Leben
Heute sagst du, es verrann.

Alles, was wir suchen, was wir fliehen,
was wir heute schon vom morgen rauben,
alles, was wir zu besitzen glauben,
ist uns nur auf Zeit geliehen.

Blüten öffnen sich, die Wurzeln geben,
was die Erde geben kann.
Was verging und starb in frühren Leben
Morgen sagst du, es begann.

Umkehr

Grün ist der Himmel
erwacht.
Wolkenloser Spiegel
der Träume.
Die fliehen zurück,
wenn der Blick seine
Richtung ändert.
Eben noch
schlug die Uhr
am Eingang zum Labyrinth
nächtliche Geisterbahn
da schrecken Gespenster
vom Tag, jetzt haben sie
Macht, aber
manchmal vertauschen sich
außen und innen,
da trägt mich die Last,
die schwerer wird, unaufhörlich,
wenn ich mir auflud,
was abfällt
von jeder Minute
des Tags.
Umkehr –
eine einfache Drehung:
Mir ist so leicht,
weiß nicht wie,
bin obenauf
einen Augenblick:
Grün ist der Himmel
erwacht.

Mairegen

Im Dunkeln hörn wir den Regen
lauter. Vorm Fenster das Blech
weiß alles schon von den Wolken.
Mir ist, als wär diese Sprache
vertraut. Ein Hauch von alten Geschichten.
Trommeln und Raunen. Ich weiß mich
von Blättern, von dämmrigen Buchen,
die hatten einen trockenen Platz
für mich und sagten im Winter
was ist
zwischen Himmel
und Erde.

Einsicht

Die Hände spüren's nicht
auf der Haut.
Unmerklich steigt's
und senkt sich,
wenn aller Schmerz aufhört,
findest du
keinen Spalt.
Jedes zersplitterte Wort
verbirgt sich
in mir,
reiht sich ans andere,
bis sich der erste Ring
schließt.
Seltsame Kraft:
Was vergeblich ist,
lagert sich müd
obenauf.
Jeder Schritt
in die Irre,
der Gedanke,
der Furcht hat
vor Ohren,
jede Last,
die mir zu schwer war,
jeder Tag,
der kein Ende nahm,
alles springt in
gläserne Stücke,
die fallen,
die steigen auf.
So findet Nahrung,
was auf sich
zuwächst
in mir.

***

Auf der Rückseite des Spiegels:
fremder Raum
mit den vertrauten Dingen.
Was die Hand berührt, hat
das Gewicht der Erde.
Da tragen die Füße
den Schatten
noch,
der
kann durch Spiegel gehen
wieder
blutet die Wunde.
Nichts trennt den Schmerz
vom schwerelosen Leib.
Auf schwarzen Schwingen
gleiten Vögel einer andren Welt
lautlos vorbei;
Schwäne oder Raben, ein Schwarm,
der ohne Ende bleibt.
Sehnsucht ist hier
ein schwarzes Blatt
vom abgehauenen Baum.
Hauch eines Atems nur –
und es zerfällt
zu Staub.

Beobachtung

Diese blaue Wehmut.
Nie kommt der Wind
zur Ruhe.
Du kannst nicht bleiben
und ich nicht.
Von den Bäumen
tropft Zeit,
gesäuerter Tau der Frühe,
die noch vom Traum weiß.
Da dampfen Erde
und Asphalt
und bloß liegt
mit schneidender Kruste
Anfang und Ende.
Ins Bodenlose
fällt,
wer den Sprung
nicht wagt
drüberweg,
so lange die Kraft reicht,
die Füße
Halt finden.
Diese blaue Wehmut.
Alle Schatten
marschieren schon
weit voraus.
Sie sind nicht mehr
zu treffen.

***

sehen
feurige sonnenschwerter
wirbeln
in den schattenden grund der augen.
blitzendes rad
geschärft am diamant des dunkels
schneidet die steine
die gebrannt sind aus blütenstaub
der schwarzen rose und
dem staub der bombe
aus den kerkermauern meiner blindheit.
redet mir nicht vom streichelnden licht.
brennend hell
fällt nun die welt
ins nachtmüde herz.

die siegel an den türen der trauer
sind schon zerschmolzen

und alle farben brennen

und der wind geht heiß und blau
durch mich hindurch.

*Uralte Sehnsucht,
seit wir Kleider tragen*

***

Als ich vom Baum
herunterkam,
meine Spur prägte
in den Boden,
der noch ohne Demut war,
hob ich mich auf
unter Schmerzen.
Schrieb mit meinem Rücken
das Zeichen der Frage
unter die Sonne
und sah:
die Antwort – den Feind
die Antwort – den Bruder.

Als ich Macht hatte
über das Wort
beim Namen nannte
den Baum und das Gras
und mich,
der noch demütig war,
da fraß mich
die Ungeduld.
Ich baute ein Obdach
und fragte das Feuer,
den Regen.
Das Feuer brannte mich,
der Regen schlug mich.
Als Antwort fügte
ich Steine zu meinem Haus.

Der Bildhauer
Für Hans Kies

Wie wir nahe bei uns halten, den wir lieben
hat die Erde, was ihr einst gehört, den Leib
nicht mit allen Säften in die Höh´ getrieben –
als ob sie sagen wollte: bleib.

Und die Erde schenkte ihm von ihrem Brote:
Stein. Sie gab ihm Hände und das Augenmaß.
Dann, mit Müh´ und Schweiß verwandelt sich der tote
Stoff. Gibt uns Dauer überm Gras.

Eine Last, zu schwer für dich, hilft er dir heben.
So zu teilen, Kraft, ist´s, was die Kunst vermag.
Wenn du siehst: Im Stein, in seinem Kern ist Leben –
gehst du anders durch den Tag.

Dezember 1980

Staub

Erst als es Steine gab und Zeit, sie zu zermahlen,
erst als der Wind ihn trug als Gabe und als Raub,
und als sich zeigte: außen sind immer Schalen,
da gab es den Staub.

Gemacht sind wir aus Staub und werden, was wir waren.
Wie ähneln Worte ihm, zum Abschied hingesagt.
Und doch, wir wolln nicht sein, wie er: im Unsichtbaren
bleiben, wenn es tagt.

Erst wenn wir zwischen Fingern fühlen: Tod und Samen
und unsre Spur sehn, auch, wie Staub auf Straßen tanzt,
da finden wir für vieles um uns Sinn und Namen
von uns eingepflanzt.

DER WEG ZUR SONNE
Auf Bilder Vincent van Goghs

Die Kartoffelesser

Schon hat die Nacht die Felder überdunkelt
Und von der Lampe überm Tisch tropft trübes Licht,
Das warm, doch müde und verschüchtert funkelt
Ins Grau der Kate. Sieh, wie es darin zerbricht.

Sie sitzen um das Tischgeviert und schweigen.
Die Rücken schmerzen, sind vom steten Bücken krumm.
Von der Kartoffelschüssel Dämpfe steigen
Und duften. Hände greifen zu und reden stumm.

Gesichter, ausgelöscht, verdorrt, zerfressen
Vom Schweiß der Qual, der ihre kargen Äcker tränkt
Und den sie dann am Ende wieder essen –

Gesichter – ausgelöscht? Du siehst ihr Werden!
Des Alten Lächeln, dem man gleich den Kaffee schenkt ...
Ein karges Mahl. Wir sind so reich auf Erden.

Die Lerche

Goldgrünes Kornmeer,
Reifende Ähren
Vom Winde gezaust,
Der Lieder des Sommers harft
In schweigenden Stoppeln.
Mit den roten Blüten
Der Klatschmohn spielt,
Mit zarten Wölkchen
Im Blau sich herumbalgt.
Wind du –
Eins mit dir
Und dir doch entgegen
Steigt auf die Lerche
Zu singen
    Das Leben!

Der Gekreuzigte
Zur gleichnamigen Plastik von Fritz Cremer

Es hängt am Kreuz, oh Haupt voll Blut und Wunden,
und keine Dornenkrone ziert den Schmerz.
Er ist ein Mensch, sein Leben lang geschunden
und schaut auf uns und schaut nicht himmelwärts.

Er hat sein Kreuz nicht selbst zum Berg getragen,
spannt seine Muskeln, Arbeit gab ihm Kraft.
Er hängt am Kreuz, doch er ist nicht geschlagen.
Was Knechte frei macht, weiß er, was sie schafft.

Er nimmt nicht auf sich all die Menschenleiden
und von den Herrn nicht, was sie häufen, Schuld,
speist uns nicht ab mit Demut und Geduld.

Und ungestüm reißt er vom Kreuz sich los,
dann, aufgerichtet, geht er mit uns, groß.
Wer, wie er, so nackt ist, wird sich kleiden.

***

Wir sind uns so nah, auch ich,
meine Brüder, wie lang schon
deckt euch der Sand,
wie oft riss der Pflug
die Hülle von
eurem letzten Versteck

Auf uns fiel der Regen,
der wusch Träume ab,
auf uns fiel der Schnee,
der deckte sie zu,
auf uns fielen Jahre,
die Last, der keiner entgeht.

Wir wollten die Wände einreißen,
die Wege bahnen und
wieder anfangen
als wäre nichts gewesen.
Wir sind uns so nah,
wer wollte uns trennen.
Die verblühen und
sterben niemals, nur
ihre Kraft vergeht.

Poesie

Ein Leib,
der sich verbirgt
fällt die letzte Hülle
schamhaftes Zwiegeschlecht
diese quellenden Brüste
diese Sehnsucht des
Zauberstabes
Und immer zwischen
der Berührung
das Wort

Wer sie einmal sah
kennt nur ein Gesicht
sie ist
Mutter
und Vater
und kinderlos
Sie hat Umgang
mit Sternbildern
und dem Schoß
der Erde
Sie hat ihren Preis
Sie verschenkt sich
Sie nimmt den Stempel
in Kauf
auf ihrem Gewerbeschein

Sie lässt sich nicht brechen
und bricht auf
Sie lockt
und tötet
Sie bewahrt ihre Unschuld
und kennt jede Lust
schon seit Geburt
Sie nimmt Aufträge an
und verliert ihr Gesicht
Sie verdient sich
ihr Brot
Sie hungert sich schlank

Sie stiftet
Verwirrung und
Glauben
Sie stiehlt
sich davon
und trägt
die Fahne
Erst, wenn sie
schweigt
weiß sie
von allem
zuviel

Stehpunkte

Wir stehen auf
festem Grund
und in einer Reihe.

Wir stehn in
großer Tradition.
Wir stehen zusammen
und stehen ein.
Wir stehen durch.
Wir stehen gegenüber.
Wir stehen auf
Wacht.
Wir stehen vor
Ampeln,
vor Entscheidungen,
vor Fragen.
Wir stehen uns
nahe
und anderen
fern
und umgekehrt.
Wir stehen fest.

Wir stehen abseits
und augenblicklich.
Wir stehen im Mittelpunkt
und auf Befehl.
Wir stehen zu spät.
Wir stehen, wo
man uns hinstellt.
Wir stehn in
Erwartung.
Wir stehen müd
oder staunend.
Wir stehen dazwischen.
Wir stehen hinten.
Wir stehen vor
Gericht
und vor Schranken.
Wir stehen stramm und
stehen starr.
Wir stehen fassungslos.
Wir stehen oben.
Wir stehen daneben.
Wir stehen vorn.
Wir stehen allein.
Wir stehen darüber.
Wir stehen draußen,
vor Türen.
Wir stehen vor Schreibtischen,
vor Bildern,
vor Kriegen,
vor Feiertagen,
vor dem Spiegel.
Wir stehn an
in der Schlange.
Wir stehen auf
den Füßen.
Wir stehen.

Immer noch

Die Erde hat so viel Eisen
für Schwert und Pflugschar genug.
Komm, lass die Schwerter kreisen,
die Furche ziehen den Pflug.

Wer pflügen will, muss sich wehren.
Vorm Ernten kommt Müh und Leid.
Wer kämpfen will, muss sich nähren.
Das ist unsre Eisenzeit.

Die Erde hat so viel Eisen,
für Schwerter immer genug.
Muss, wer das Schwert zieht, beweisen,
er zieht es nur für den Pflug?

Wenn alles Eisen der Erde
zu Schwertern geschmiedet ist,
dann wird der Pflug, der uns nährte,
vom hungernden Magen vermisst.

Wir brauchen nicht mehr das Eisen
für Schwerter, die reichen nicht weit.
Der Tod kann viel schneller reisen
und doch, noch ist Eisenzeit.

Kassandra

Fürchtet euch nicht
Die Erde war immer
Geduldig.
Weil ich mein Kleid
Zerriss
Als ich ins Feuer sah
Geh ich nackt
Unter euch.
Wer Augen hat,
sieht mich nicht.
Wer Ohren hat,
hört mich nicht.
Asche füllt
Meinen Mund.
Das Feuer brennt.
Im milden Licht
Der Blicke
Will ich
Vergessen das Bild.
Drin stirbt Kassandra
Mit euch.
Nein, fürchtet euch nicht.
Die Angst ist die Peitsche
Des Todes.
Fürchtet euch nicht,
ich bitt euch,
fürchtet euch nicht.

MEISTER UND MARGARITA

> *Das ist dein Haus, dein ewiger Hort. Du wirst einschlafen, die unvermeidliche speckige Nachtmütze auf dem Kopf, wirst einschlafen mit einem Lächeln auf den Lippen.*
> *Michail Bulgakow*

Meister

wo bist du hingelangt
rot hängt der abend dort
über dem ewigen bach
erkennst du den weg nicht
der hinfließt zur alten behausung der nächte
dem käfig der reißenden tiger – gedanken

schäbige heimkehr

wozu die gefüge der worte
was bautest du deine welt

heiß schrie die sonne
am berg deiner wahrheit
du aber saßest
tief zwischen himmel und erde
und tausendmal rollten die jahre
unter dir fort
und schweigen preßte dich aus

du hörtest die antwort
und hattest sie nicht erfragt

schäbige heimkehr

bist du je fort gewesen

Margarita

du bist aus deiner haut geschlüpft
ihn zu begleiten
auf willigen besen bist du geritten

du hast ihn dem wolf des vergessens
noch aus den zähnen gerissen

nun ist er dein

verfluchte gnade
das ist des teufels
größte teufelei

du bist gegangen
ohne
wiederkehr

eurydike holt
orpheus zu den schatten

wo seid ihr hingelangt
wohin
wohin

rot hängt der abend dort
über
dem ewigen bach

Uralte Sehnsucht

Uralte Sehnsucht, seit wir Kleider tragen:
uns nackt zu sehn und auf der Haut
den Blick des andern spüren und nichts sagen.
Wie oft ist jedes Wort zu laut.

Die Hand will lernen, wieder Lust zu tasten.
Sie spürt die Unruh, treibt und drängt,
um in der Höhle deines Leibs zu rasten
und gibt zurück, was sie empfängt.

So lange Wege, doch da sind die Zeichen,
ein atemloses „Komm", das brennt sich ein.
Was uns noch trennt, was kann hinüberreichen?
Was kann uns halten, was kann uns entzwein?

Vier Hände spielen: Was verbirgst du mir?
Du findest, was mich längst verriet.
Aus zwei wird eins, und eins aus vier.

Was gehört dir, was gehört mir.
Eben noch dort und schon wieder hier.
Eben noch hier und schon wieder dort.

So nahe und schon wieder ganz weit fort.
Wir lassen uns fallen ohne ein Wort.
So sehn wir uns, wie uns keiner sieht.

Drei Sätze über die Haut

Letzte Hülle,
auf die
du dein Streicheln
schreibst
über den
Schmerz.

Wenn wir sie
berühren,
begegnen wir
dem anderen.

Immer ist das,
was uns trennt,
die Haut.

Geschnitten

aus dem zerfaserten
Dunkel des Zimmers –
von meiner Sonne am Bett –
ein freundlicher Kreis,
schwebende Insel.

Unaufhörlich
rieselt Schlafregen
mir unters Lid,
dünnt das Blut
gleich unter der Haut,
die dich nicht vergessen hat.

Aus meinen Händen
bau ich die Fähre,
die mich hinträgt
an deine harrenden Küsten –
Steilhang und Ebene,
federndes Stummsein.
Näher treiben die
schattenden Buchten.

In die Stollen
deines Leibes
sickert
der Aufruhr.

Grußlos verlöscht
meine Sonne am Bett.
Einfahrt
in die mondene Landschaft
weißnichtmehrwo.
Rissig der Boden
in der Schlucht Erschöpfung,
Durst
hockt uns auf der Zunge
nach Weite.

Hinterm Tag
fällt die eiserne Tür
ins Schloß,
lautlos
brennen die Stunden.
Da hügeln mir deine Brüste
entgegen,
Landschaft verwandelt sich –
und Atem reitet über die Haut.
Wir stoßen die Sporen
zwischen die Rippen der Nacht:
die Bäume.
In Blütenlippen wächst
das Geheimnis.
Wir sprechen die Sprache
der Blumen,
erkunden den Brunnen,
in dem die Frage: danach? –
leichtflügliger Falter –
ertrunken ist.

Die Finger morsen
die Antwort ins Blut.
Aus den Schalen unserer Herzen
trinken wir
die Welt.

Vom Liegen im Grase

Liegen im Gras
unter der Hitzeglocke des Mittags.
Fern –
schreit ein Zug auf,
splitternde Säge an der Stille
unsrer gläsernen Haut.

Seh dein Herz
Freude pumpen
in die Spitzen der Finger.

Der Wind reitet nach Haus
über die träumenden Koppeln.

Wir sind gefangen
von der Übermacht schweigender Halme,
sanftes Streicheln
über zitternden Lippen.
Grün fällt Begehren auf uns
und Gewicht unsrer Nähe.

Liegen im Gras.

Wenn der Abend sein Haus baut –
entläßt uns die Wiese,
tagessonnenmatt,
als ein Erwachen
und als einen Leib.

Abendlied

Der Tag ist nun
mit sanftem Schritt
davongegangen;
ich glaub, er ruht und träumt
dort hinterm Hügel
in der Butterblume.
Schon glimmt der Mond;
die Autos auf der Straße
schweben ohne Laut.

Nun ist es Zeit
dir einen Strauß zu pflücken –
zwei Stengel weißer Mohn,
und vom Gebüsch
die Nachtviolen
und gleich am Zaun
brennt
immer höher
unsre Königskerze.

Das Gras steht prall
vor Lust.

Vielleicht hol ich auch nur
die Butterblume
und leg sie auf dein Herz,
damit es niemals schläft
wenn deine Augen weit
nach innen schaun.

Grashalme
Für E.

Wenn die Grashalme
aufbrechen
meine Brust,
wuchern
überm blinden Muskel
Herz,
werden deine wachen Hände
ruhn
in der Dämmerung.

Traumspiel der Finger.
Wölfisch heulen die Schatten.
Uralte Frage.
Tauchend in die Stromschnellen
zwischen gestern und morgen
nadeln die Steine.
Wo fand ich Stimme und Wort,
das Alphabet deiner Augen?
Nun tragen die Füße nicht mehr.

Wenn die Grashalme
aufbrechen
meine Brust,
wuchern –
überm blinden Muskel
Herz,
werden deine müden Hände
wach sein
in der Dämmerung.

12. Januar 1969

***

Hungrig stürzt von den Bergen
die Nacht, wolkenlumpiges Bettelweib,
schlingt Farben und schlägt
mit der Regenpeitsche
die Dächer. Macht hat sie
über die Fenster, kein Riegel
hält sie zurück.

Was soll ich mich wehren.
Sah dich dereinst
mit den Augen, nun
sehen die Finger
dein Haar, ein neues
Gesetz befiehlt, anders
les ich die Nachricht
auf deiner Haut. Nutzlos
die Sterne und der Kompaß
vom Tag. Ich spann alle Segel
Kreuzfahrt
durch Wandklippen.
Überall
komm ich dir näher
im Gras,
das uns hinnahm.

Die Dächer schreien eingeebnet
unterm Düsenstrahl, streunende Katzen
sind hier nicht zuhaus. Ich bitt dich:
weit auf das Kühlfach Gedächtnis.
Sonnenmahlzeit der Fichten,
die kämmen das Mittagslicht
über der Wiese. Nun geben wir´s her, tauschen
gegen Schwärze des Schlafs
schwebende Last
auf den Lidern. Wir sehen uns,
da bröckeln die Steine unter
den Sohlen.
Wir tragen zu schwer noch
unter der Regenpeitsche
halten wir Rast

Mitternachtselegie

Steil
Gipfeln die Schattenkrater der Sehnsucht,
Und schweigsam kauert die Finsternis
Unten am Hang.

Der Wind trägt die Tränen,
die niemals geweint,
im Meer der sommernden Lüfte...
Das letzte Boot der Liebe
trank
mit ewig offenem Mund,
mit strengen Lippen –
hölzern und bemoost –
den großen Durst in sich hinein
und treibt nun schwer
am Grund der Welt
und trinkt uns leer –

Es wiegt uns still
zur Ruh...

Schweigsam kauert die Finsternis
unten am Hang.
Und wieder gipfeln die Schattenkrater der Sehnsucht,
steil.

***

Wie sind wir fremd uns,
wenn wir ineinander wohnen.
Wenn wir uns nah sind,
sind wir doch schon wieder fern.

Wir gehn durch uns hindurch,
und jeder geht
zu einem andern Stern.
Nur in den Adern fließt
ein neuer Tropfen Blut.

Trüber Morgen

Aufgetaucht
aus dem Frostteich des Schlafs
noch müd und schamlos nackt –
mit Gänsehaut
werf ich mich dem Regen
in die Arme.

Siebenzahl des Traums.
Das Wasser brennt.
Und zitternd
lös ich mich von deinem Munde.

Geh nun in den letzten Himmel,
den ich sah –
bis der Regen mich ins Meer gespült.

Keine Nacht mehr
läßt die Welle ruhn.
So verwandelt
fließ ich in Bewegung,
spül dein Haar...

Der Himmel schweigt dazu.

***

Das ist´s nicht:
Die Zeit nahm den Klang
meines Worts
Haus oder Straße
gestern und heut
Was ich nannte,
ist sich nicht mehr gleich,
ich habe mich längst schon
verwandelt.

Das macht nichts
Alles zu spät
doch zur gleichen Zeit
sprachlos noch
nahm ich mit Mutters Stimme
rundum zu eigen
was ich
benennen konnt
Da war die Straße
vorm Haus
alle Straßen,
da trocknete die Tage
nichts, nur
die Erwartung.

Gesagt ist gesagt,
wenn niemand dich
hört, nicht das Haus,
nicht die Straße, das
Gestern nicht und Heut
Alles ist dir voraus,
alles weiter zurück
Ich rede
und nichts
hat den richtigen Namen.

Säß ich im Kino,
wüßt ich, der Film
läuft nicht synchron
Erst wenn ich seh
mit deinen Augen
und hör
mit deinen Ohren,
wenn wir nicht mehr
warten müssen
auf uns,
wirkt wieder
der Zauber der Kindheit
Benannt –
Erkannt.
Zu zweit sind wir
eins
mit der Welt.

Wegbericht

I
Holunderzweig, Höhlung im Dickicht,
Gras tost vorbei, ungeheuer.
Traumvogel –
Weiße Wolke im Mittag,
Gansgeschnatter, Indianergeheul,
Bogen und Pfeil:
Kontinente – vertraut
Horizonteweit.

´s war nur ein Schritt
Einen Atemzug lang,
Ausfahrt
Und Segel am Pappelmast.
Quellen verschenken sich
In den durstigen Wind.
Ich trink den Tau
In der Frühe,
Die mich verließ.
Trunkener Tag,
Insel im Ozean
Ohne Erinnerung.

II
Trunken
Von springenden Quellen,
Geborstene Schläfe,
Aufreißen die Wolkenplanen –
Gewebe aus Nacht und Gedächtnis.
Hier muß ich stehn
Im quadratischen Asphaltgeläuf,
Hochhalten die gleißende Laterne
In die Diagonale des Regens.
Vorübergeweht
Am Pappelsignal,
Geritten von allen Teufeln –
Jagen nun die Schächte,
Unter die Haut aus Beton.

Drüber gähnen die Häuser,
Fenstermäuler,
Transistorengelächter.

Ratloser Stadtplan.
Ich zeichne ein:
Deine Lippen.

Zwischen Baukränen
Sprudelt dein Lachen –
Gläserne Wohnung.

Odysseus kehrt heim,
Trunken noch immer
Von springenden Quellen.

Hingehn

Hingehn –
In den zitternden leib der sonne
Tauchen
In den tau
Der frostig fällt aus der frühe
Die zu früh ist vielleicht
Oder schon zu spät

Oh – blüte sein
An dem baum erinnerung
Brennen und warten
Geduldig und ängstlich
Frucht zu sein

Liegen
Im warmen haus deiner hände

Ich aber
Bette mich in den wind

Am Meer

I
Jedes Jahr
nistet in meinem Leibe
der Durst.
Die Geraden
trocknen mich aus.
Hier füllt sich
die Luft mit
Erregung, die teilt sich mit
dem Sand, dem Baum,
der Haut des Wassers.
Wo Land und Meer
sich begegnen,
schwingen die Linien.

Wellen gleiten hinauf
und fliehn.
Die Tage gehn
barfuß am Strand,
der Augenblick läßt
sie zu Fischen werden.
Nichts ist unwiderruflich,
uraltes Spiel:
Sich auftun.
Ich beuge mich nieder
zur Quelle.

II
Worte sind nahe
am Ursprung:
Den Boden verlieren
unter den Füßen.
Ein anderer Widerstand
hält und gibt nach.
Mühsam lernten wir
aufrecht zu stehen.
Nun leg ich mich
wie einst,
gebrauche Arme und Beine,
schwimme zum Land
zurück.
Zu viel schon
hab ich vergessen.

III

Altmeisterliche Nacht.
In den Rahmen von
zwei hohen Apfelbäumen
zeichnet sich der Mond.
Auf dunklem Grund
das Gold, nicht voll gerundet.
Nur Kostbarkeiten
bieten sich so dar.
Die weite Wölbung,
lang gebahnter Weg.
Unendliches tritt in
ein anderes Maß.
Aus dem gewohnten Anblick
wird das Bild
durch Grenzen
und durch Innehalten.
Geh ich beiseit,
geh ich auch
aus dem Bild.

Verhext

von der Sonne im Mittag,
im eisernen Land,
jag ich dem Meer zu,
spring –
zuckende Flamme –
über Bergmauern,
müde auf Straßen,
unkenntlich,
bleich.

Ja,
fiel aus den Wolken,
barst auf,
spuckte blutende Worte.
Verheiz nun
das trocknende Fleisch;
kein Regen
löscht mich mehr aus.
Doch die Bäume
fürchten mich nicht.

Trinken muß ich den Ozean;
durch mich hindurch
schlägt die Brandung –
unermüdlicher Quichotte.

Vom Meer her dann
müh ich mich aufwärts
die Ströme.
Presse mich –
übermächtig die Wildwasser –
den Quellen entgegen,
in den sonnenlosen Grund
unter Gipfeln.

Vielleicht, daß ich hier
noch einmal geboren werd.

Prerow-Sommer

I.
Im verschwiegenen Farn
glimmt er,
lodert –
ein Blitz
von tausend mal tausend Sekunden –
im wipfelnden Darß.

Sommer.

Den Himmel
schweißt er
zu tropfendem Blau,
fällt, fällt
und stürzt in meine Haut.
Rauchlos
flammen die Feuer
über die Bucht.
Betäubt
liegt das Meer
mit geöffneten Tiefen.

In diesem Sommer
heb ich mein Herz
in den Mittag.
Will wach sein,
singen,
wenn es brennt.

II.
Aus Nord
kommt der luftige Reiter
von weit her,
die Wellen
bringen mir Botschaft,
Zeichen aus Gischt –
der Spiegel springt,
klirrt durchs Haar,
Sand sirrt
dem Strandhafer zu.
Am Horizont
geben Wolken sich auf.
Heiser schrein Möwen
den Tag aus,
die Freude sprengt
mir den Weg frei
zu jeder Stunde.

III.
Dämmerung
fliegt die Birken an
vorm Fenster.
Ihre Rinde
hat noch Licht für
dein Lachen.
Die Grillen
Zirren der sanften Stille
unermüdlichen Gruß.
Träume nun
wachsen
über die suchenden Hände,
die ein Haus bauten
aus Sonne.

Behütet
betten wir uns
in die Nacht.

***

asterland –
heraufschwimmt die sonne.
Rastlose mühsal. Noch brechen
wir blüten. Gelbes aufbegehren
vor nächtlichem anhauch, der
unsere augen welkt. Angst
läßt die bäume wedeln mit ihrem
gezweig. Einziger ton noch weit oben –
wie kann der himmel so weiß sein –
surrt eine fliege den letzten gesang.
Lerchenersatz. Hol mut aus der kiste vergilbter
briefe. Verblichenes band rötet
sich neu. Weit spannt sich die brücke
vom ahorn zum unbesiegbaren
gras hinterm tag. Asterland.
Rotbäckig der wind. Äpfelschüttler.
Süß sind die späten. Himmel
so weiß, endlos der acker,
heraufschwimmt die sonne, leichtbeladene
barke. Sinkend zum nächsten hafen.

***

Ich komme daher
Wie die welle herkommt
Aus dem weiten „weiß nicht wo"

Vergessen
Wölkt der wind ums möwensegel
Das mich nimmer in den hafen trug

Längst
Bin ich im sand versunken
Der mir weiße sommerwohnung gab
Und manchmal auch das salz
Der großen träne: meer
Da – wo ich herkam
Find ich nicht mehr hin

Und wenn du noch am Ufer stehst –
Dann geh.

Gestrandet

Ans Ufer getragen
in der sanften Biegung
Fast ohne Strömung
die Nacht
Unmerklich der Sog
der mich hebt
und weiterzieht
Weit oben
im lautlosen Flug
der Schattenvogel
Eine Ahnung von Schmerz
wenn mich sein Flügel
streift
Sickerlicht
von innen her
mischt sich ins
Blut
Wie quillt der Leib
Folie aus Glas
die Haut
Dann leuchten rot
die Zahlen der Zeit
Diese Bewegung zuviel
lieg ich in Splittern
Da setzt die Lust
ihren Mast

Wann trifft
die Welle
die Welle?
Weit voraus
die mich liegen ließ
Die mich trägt
zur Mündung,
hat mich
erreicht
Ich seh noch
da treiben
silberne Blätter
an mir
vorbei

Die Welle

Die Welle hat vom Wind
heut einen starken Leib.
Sie wiegt und bäumt sich,
lädt mich zum Tanz.

Sie streichelt mir den Fuß
und schlägt mich ins Gesicht.
Sie kommt von weit und will
zurück ins Weite.

Und nur für einen Augenblick
berührt sie, der ihr ähnlich ist,
den Sand, und taucht hinein
in andere Bewegung.

Wenn sie mich faßt und stürzt
sich über mich, dann lockt
sie: komm, und fordert: geh
und bleib ich, muß ich ewig sein.

Usedom, 1977

***

Singe, durchsommerte Wiese,
singe.
Leer ist der Himmel und blau
und der Bach steht
ohne Namen
im Wald.
Das ist der verschwärzte Abschied
schrie der Häher vor Jahren.
Meine Stimme liegt dort
im modernden Laub
am richtigen Ort.
Aber singe, durchsommerte Wiese,
singe,
ich will mein Schweigen
nicht hören.

1966

Zu den Orten

Zu den Orten, die andere finden: Träume
warten schon lang. Und ohne Namen
sind alle, die bis an den Anfang kamen.
Eine alte Chaussee, und die Zwetschenbäume.

Eine alte Chaussee, und Zwetschenbäume
säumen das Band, das Felder schneidet
und hinter dem Hügel ins Leere gleitet
und an Häusern vorbei, in Zwischenräume.

Vor der Ernte

Dies kalte Feuer –
Was die Hände berühren
gleißt
solange ein Herzschlag
dauert.

Aus den Fingern
rinnt´s und
sät sich ins Land
und wurzelt und wächst.

Wie quillt die Zeit
herauf in ihre Form,
den Ring
Fessel und Durchschlupf
zum freien Fall

Bald muss
alles geerntet sein
was das Leben nährt
und den Tod

***

Atemloses Licht
schwarz schwillt der Leib
des Schweigens,
der uns trug
und aufnimmt

Welche Übermacht
gegen
die Ahnung eines Worts
Ein Amsellaut im Schlaf
Ein fernes Segel – Blütenblatt
Der Tanz der Fingerspitzen
auf der Haut
Der Docht ertrinkt in
allem Überfluss.

***

Das Blaue vom Himmel
an die Fassaden geklebt
Was über den Wolken ist
will keiner sehn
Mildtätiger Maßkrug
Du bist übergelaufen
Schwamm drüber
Das Blut rot noch immer
trägt schwer an der Last
lasterhafter Gedanke
eilfertig
Jeden Tag im Ozean
versinkt eine Insel
vielleicht
steigt Land auf Land ab
gewöhnliches Grau

***

Septembertaggold
noch atmen die Linden.
Gezähmt sind die Automotoren
und knurren
die rote Minute an.
Ungeduldig
wartet der Abend
vor der Stadt.
Asphalt stöhnt
unterm Pflug der Jahre.
Ins Tal stürzt der Weg
wie jubelt der Wind
übern Acker
...
...
...
...
...
Dämmerung gleißt.
Hier blitzt der Befehl
dich zu sehn.

***

Ach, diese flüchtigen Wolken, schlaflose Schatten
über dem Weg, der zum See führt
hinab, wo sich die Nacht
auflöst zu schwarzem Trank
Drin baden die Vögel ihr Lied
Ach, vergänglich wär´s sowieso
wenn der Wind kommt
zu seiner Zeit

Gehlsdorfer Morgen

Schlafhaut reißt. Die Nacht wird blasser.
Am Fenster teilt die Welt sich. Innen, Außen?
Stille quillt. Und überm Wasser
die milchig-graue Last. Seltsames Sausen.

Ufer schwimmt. Die Bäume wandern
und dann ein Heulen, dumpf: die Zeit im Sterben.
Jeder Schatten geht zu andern.
Was jetzt noch dauert, ließ vom Wind sich gerben.

Sickerlicht. Emporgehoben
der Nebel, leise, wie von tausend Händen.
Welle spielt, ein Schiff treibt oben.
Nur was nie anfing, wird auch niemals enden.

Erwachen

Auftauchen
aus dunklen Wassern
des Schlafs
Wie Treibholz
find ich mich
ans Ufer
des Morgens
gespült:
Die Fenster,
das Zyperngras
auf dem Tisch,
das Feuerzeug drauf,
dann die Wand
der Bücher
Mühsal gewohnter
Ortsbestimmung
Nur Bilder
gleichen sich
Wegweiser
sind die
vertrauten Dinge
in nie gesehener Landschaft

Venedig

Wenn Dämmerung
den Palästen
Bürde des Alters nimmt,
stehn sie wie einst
am Canale Grande.
Sie atmen das Schweigen aus,
dem sie Wohnung geben
heut, sie öffnen die Tür nicht,
sie gleiten vorüber, zurück,
versteinerte Macht.
Auch Worte sind hier Fassaden.
Könnt ich einhalten, eintreten.
Der Motor redet
von anderer Zeit,
die durchs Wasser pflügt,
quirlt im Schlick,
sterbende Stadt,
wenn der Tag
die Augen quält
mit bröckelnder Patina,
und sie füllt mit Glanz.

Kameraparadies
San Marco, die Tauben,
die Wechselstellen.
Der Lido schwimmt
am Rande der Lagune.
Ich trag auf den Schultern
Müdigkeit, Jahrhunderte alt.
Die Dämmerung erst
nimmt die Bürde von mir.

Wie einst stehn die Paläste
unversehrt, versteinerte Macht.
Sie lockt und läßt mich nicht ein.

1976

Hirschgarten

Nur über Stufen
erreichbar
hinauf und hinab
und hinauf
von einer Stunde
ein Drittel
trägt mich das
Rädergehäus
seine Spur
Da ist der staubige
Abhang. Birkenglanz unten
und nach der Steigung
der Wald
Kiefern gedrängt
und am schmalen Weg
noch der Abfall
Schon ist die Luft
leichter, Wildtauben
in den Zweigen
Der Specht wechselt
den Rhythmus
Wind vermag hier
zu flüstern
Sonne fällt ein
in die Lichtung
Ameisenziel
ein mürber
Wurzelstumpf
Vorbei an der
Schonung
Irgendwo
bellt ein Hund
und Kinder
lachen

Die Farne
rollen sich auf
Vor der Schneide
des Asphalts
die grüngestrichene
Bank
Noch einen Schritt
weiter
und ich bin
wieder
auf der anderen
Seite

LANGE REISE NACH HAUSE

Berlin-Moskau

I.
Blasse Erinnerung
ans fedrige Urbild
einer Sekunde Gewicht.
Was brauch ich noch Flügel?
Tragflächen, berechnet
genau
legen sich auf den Wind.
Ostwärts
vom schmalen Streif Heimat
durchforscht und
trauliche Wohnung,
zieht mich der Triebwerke
vierkehliges Geheul
weithin,
wo die Erde Wege
grünt für mich.
Die Stunden tropfen
in die schäumende Ebene
der Wolken. Unsichtbar
ihre Spur, doch nicht
zu verfehlen. Von zu Hause
nach Haus. Ungeduld
zerrt an meinen Füßen.

Moskau

II.
Sicher, Augen sehn
hinter die Fläche, aber
sehn sie den Raum?
Was messen die Schritte aus?

Regen mauert uns ein.
Auf den Straßenkanälen –
tastend nach Grund –
trägt das Schiff Freude kaum.
Zottelig sind die Gedanken.
Ächzen die Häuser schon?
Selbst sto Gramm später
wärmen nicht mehr.

Rettende Insel!

Um jede Wette vergessene Bank.
Sie müssen schon sommerlang sitzen,
sich anschaun und Hände verhäkeln.
Mit ihnen schweig ich
und fühl mich noch trocken fast.

Sicher, Augen sehn
hinter die Fläche ...

Kasan

III.
Du liebst den Klang
in Farbe aufgeschrieben.
Wein aus Georgien
spült jetzt Wort für Wort
von deiner Zunge, die
fast überquillt, Sprache
rauscht vorbei, die Hände
reden, dein Lächeln und
wie du die Gabel führst
und brichst das Brot, das
reichlich vor dir liegt.

Die alten Häuser baun
sich vor dir auf, der
Sieben-Tages-Turm und Stolz,
der weint, als er den Sturm erfährt.
Da fiel die Woche mit,
doch blieben Steine, verfugt
für manche Ewigkeit.

Iwan der Schreckliche ist
fortgegangen, und die
Tatarenbraut vergaß ihr Leid.

So weiß bezogen ist
das Bett noch immer, in
dem ein Gymnasiast das Heut
im Traum erfuhr und in
den Tag hinübernahm. Erklärung,
Augenschein. Wär ich nicht
hier zu Haus, nur ein
Museum wär die Stadt Kasan.

Kasan, Gorki-Museum

IV.
In großen Städten, die im Angriff sind
auf Feld und Ufer, die sich höher recken,
da geht man oft und sucht und ist doch blind –
Erinnerungen wollen sich verstecken.

Ein Keller, dunkel, sein Gewölbe drückt
dich nieder, alter Ofen, Brotgerüche.
Man hört sein Husten noch und lange Flüche
und sieht den Riesen Alexej, gebückt.

Vor Jahren zog er aus, es schien verrückt,
die Weisheit an den Universitäten
zu suchen; Krumen hätten ihn beglückt.

Jedoch er buk nur Brot, sein Hunger blieb
unendlich groß, doch heut in Dorf und Städten
ja, sättigt, was er über Hunger schrieb.

Kasan, Flughafen

V.
Rauh springt der Wind dich an,
sitzt dann im Nacken, faucht
und reitet übers Wasser.
Die Augen schmerzen.
Weite füllt sie an.
Die alte Ader ist dem Strom zu eng,
und über Wiesen fliegen
nun die Schiffe. So spür ich
hier die Faust, die südlich irgendwo
vom Grund der Wolga aufwuchs, Stein nun
und wie Gedanke, Wille – nicht zu brechen.

Ach, manchmal blähen sich die Worte,
doch stehst du hier im Hafen von Kasan
springt dich der Wind an,
faucht und beißt,
Und viele große Worte
halten stand.

Uljanowsk, Wohnhaus der Familie Uljanow

VI.
Wo begann's: War's der Wald,
war's die Erde, vom Schweiß
der Mushiks getränkt? Der Wald
gab das Holz für die Mühe,
ein Brett, eine Wand für
die gleiche Münze. Dann
das Haus. Es hatte ein Dach
und die Wärme. Arbeit macht warm,
zu hüten ein Kind, das
sich ansah, wem
die Münze der Mühe gehört.

Heut zeigt der Stab
Dokumente. Aber
gehst du hinüber zum Strom,
vergeblich suchst du den Strand,
an dem Wolodja sich balgte.
Er träumte die Flut
drüberweg und sie kam.
Ein Haus, eine Tafel.
Die sich's anschaun, baun
jetzt Häuser aus Stein. Ihre
Münzen, sein Bild aufgeprägt,
sind Mühe und Lächeln,
und ihr Verdienst.

Uljanowsker Morgen

VII.
Immer jünger wird die Schöne,
und am Morgen lächelt sie.
Ihre Töchter, ihre Söhne,
ihr Verstummen, ihr Gedröhne –
Lied mit neuer Melodie.

Wolga Swiaga, ob silbern, ob grau,
Perle und Kette, sie schmücken die Stadt,
schmücken die zärtliche Mutter, die sich
stolz nach ihrem liebsten Sohn
den Namen Uljanowsk gegeben hat.

Immer streunen hier die Winde
siebenfach und schlafen kaum.
Weißer glänzt die Birkenrinde,
als ich ihre Wohnung finde –
Acker, Saat aus Tat und Traum.

Sauna in Wolgograd

Hände tauchen in Erinnerung.

Dann saugen die
Finger Farben,
die Spur des Feuers
unter den Steinen
ruft.
Auf die Haut
schreibt der Dampf
Formeln für Freude.
Holz quillt dem
Leib entgegen.
Liegen und Lust,
Traum von den Bäumen,
den brüderlichen,
Geschenk der Birken:
Rutenstrauß
trommelt den prahlenden Bauch.

Aus allen Poren
drängen satte Tränen.
Leichter findet der Blick
den Gedanken.
Das Wörterbuch in der Tasche
mag schimmeln derweil.

***

Wir rücken näher zusammen
Wenn die Nacht kommt
Wir sammeln die Wärme
Die uns vom Tag blieb
Sie ist der Preis
Für den Schlaf, den unruhigen.
Keiner weiß, ob er uns weckt
Am Morgen
Oder festhält für immer

Weg zur Arbeit

Morgens steh ich
auf wie immer
Waschen
Rasieren
Wie immer
das hastige Frühstück
Dann
auf der Straße
Wie immer
zur Arbeit
begegne ich mir
Seh mich
von weitem schon
winke mir
ab
Bleib zu haus
Wie immer
ist alles fertig
vorgedacht
das Wort
die Zeile und
der Gedanke
wie immer
Ich winke mir
ab
und komme mir
näher.
Schließlich
wie immer
geh ich an mir
vorbei
mit schlechtem
Gewissen.

***

Über den Blütenrausch
spannt sich eine Brücke
zielgerichtete Gerade
von irgendwo nach
nirgendwo
Warum nur hecheln
die Autos
den Stunden nach,
die doch schon verloren sind
Im Tageslauf
suchen die Leute
nach einem Bröckchen Glück
Eine sehende Nähe
vorbei, sie war doch
das Leben.
Ich kann mich
erinnern
an lächelnde Augen,
ein Wort,
das mich traf,
ein Tropfen Blut
fiel in den Dunst
zwischen
Gleichmut und Wehmut
Finden und Loslassen
Meine Füße sind festgewachsen
Der Schrei der unhörbaren Stimme
Ich bin
auf der anderen Seite

***

Die Straße
der Pfeil
auf der Fahrbahn
der betrunkene
Zaun gegenüber
Du kommst
auf mich zu
Ein Mann
führt den Hund
an der Leine
Ich trau
den Augen nicht
Alles seh ich
durch mich hindurch
Auf der Netzhaut
die Bilder
schwimmen durch viele
die vor mir stehn
Von wahr
zu nehmen
ein Zwischenraum
Jeder behält
und jeder gibt
einen Teil

Gewohnte Ansicht

Ein Jahr schon:
das Haus gegenüber,
das alte Haus,
verlassen selbst von den Schwalben.
Kein Dach mehr
tragen die Mauern,
nur manchmal vom Heizwerk
den Rauch, ostwindschwer.
Vorbei gehen die Schritte.
Keiner mehr öffnet
die Tür.

Was wir auch bauen,
ins Fundament gießen wir
dieses Bild.

Schnee panzert die Hände
zwischen Morgen und Abend.

Mutmaßung

Drüberweg.
Schwelle vorm
Aufwachen.
An jeder Ecke
lauert die Angst.
Selbständig
rennen die Beine.
Die Laterne
bleibt stehn
auf gleicher Höhe.
Lautlos schlängelt
der Schrei
zwischen Bauzaunlatten.
Worte igeln
sich ein
gelehrig.

Tags gedacht
schwärzen sie
vor es Tag wird
die Gedanken
an.
Drüberweg.
Mut und
Maß
aus zwei
wird eins
nun.

***

Die Straßen sind wie graue Fliegenfänger.
Nur dieser Schritt, und nie mehr kommst du los.
Sie winden sich und werden immer länger.
Die Häuser werfen Schatten, riesengroß.

Da gehn die Träume stumm an dir vorbei.
Die Augen sehn sie nicht, die Haut kann sie nur ahnen.
So wie ein kalter Hauch trifft dich ihr Schrei.
Nach unserm frühen Abschied gehen wir andre Bahnen.

Auf grauen Straßen gehen wir vorüber
an unserm Traum, der einst so deutlich war.
Mit jedem Schritt verschwimmt er und wird trüber,
er überholt uns, wartet Jahr um Jahr.

Da müßten unsre Augen offen sein,
wir fühlten ihn, wärn da nicht diese grauen Mühen
gehobner Fuß und dann gestrecktes Bein.
Wir holen unsre Träum nicht mehr ein
und kleben fest, sie sind ganz ohne Last, sie fliehen.

***

Laßt mich – ich bitt euch –
nicht sitzen am Schreibtisch,
der sich ausbeult,
Telefonfundament.

Zulang nicht wenigstens
schraubt mich dort fest.

Noch greif ich nicht
zitternd
nach dem hypnotischen Hörer,
noch ziehn meine Halsmuskeln
den Kopf nicht
nach unten,
synchron zu gespenstisch
sicheren Stimmen
aus oberen Stockwerken.

Die Türen sind schon verschlossen.

Laßt mir das Fenster noch
für einen Blick
in den Regen.

Werd schweigsam sein
und lasse euch reden,
wenn biegsam
die Hand Papier schwärzt.

Dann
schließt auch
das Fenster.

Jede Stunde

Sie kommen mit Fesseln.
Sie leihen mir Flügel.
Jede Stunde hat
ihr ewiges Maß.
Und ein andres Gewicht
für die Füße.

Da sind all die Wünsche,
die uns beschweren
und die uns
zur Sonne tragen.
Einer fällt ab (einen verlieren wir)
bei jedem Schritt.
Einer erfüllt sich
und hält uns fest,
und die uns bleiben,
sind nur ein Rest
für die Stunde,
die uns steigen läßt.

Sie leihen mir Flügel.
Sie kommen mit Fesseln.
Die Stunden haben
ihr eigenes Maß.
Sie waren, sie werden.
Die Wünsche haben
ein andres Gewicht
für unsere müden Füße.

Wen Wünsche nicht mehr auf ihren Schwingen tragen, der
fällt ins Bodenlose.

Mainelke

Als wir zuerst
auf die Straße gingen
am 1. Mai
pflückten wir sie in
den Gärten vorm Haus
Sie blühte auf unseren Jacken
sie wuchs in unseren Fäusten
Wir pflanzten sie ein
hinter den Werktoren
zur Feier des Sieges und des Alltags.
Auf unseren Straßen nun
tragen wir sie,
Papier, rote Farbe, Wachs,
grünumwickelter Draht.
Wir ernten
in unseren Gärten
Gurken und Kohl.

blitzlichter

durch wolkenvorhänge
kibitzt als einsames auge
ein letztes stück blau
ein rest sonnengold
tropft auf dein haar
daß es schimmert

der himmel ist
verdammt
schwarz
gewitter knistert
die milch in den häusern
wird sauer

regenkaskaden
schrägen
in haustürnischen

von den gesichtern
wird alle tünche
gespült

Mose, 20. Jahrhundert

Ich seh kein Land mehr.
Der Weidenkorb
geflochten, verpicht,
ist untergegangen.
Mich trägt eine
Schüssel aus Plast
milchweiß,
fort oder
ans Ufer.
Bin ausgesetzt
widrigen Winden
und die Angst
schwappt über
den Rand.
Der Möwenschrei
sticht mich.
Stille
ein unverlierbarer
Deckel für die Zeit, die mich
hebt auf die Wellen
und fallenläßt.
Wer wird mich
finden, annehmen.
Wer wird meine
Sprache verstehn,
die lautlose.
Wer wird mich beim Namen
nennen.

Ich seh kein Land mehr,
nur den Rand
meiner Schüssel.

***

In den Ebenen
haben die Seen
sich ausgeschüttet
ins Wolkenmeer,
Fontänen
die Flüsse,
die dort –
schau nur hin –
aus den Bergen stürzen.
Ja, über uns siedet
ein großer Regen.
Die Fische singen.
Grün überwebt
sind die vieltausend
Pfade,
die sich krümmen
unter dem Schritt
des bejubelten Winds.
Wir stehen in der Stadt derzeit
am Pfahl,
dem die Straßenbahn noch immer
gehorcht.
Lesen die Zeitung,
die berichtet
wie alle Tage
von einem Tief,
das jetzt abzieht
uns erreicht...
uns erreicht...

Wir sollten Fische werden
und singen.

Zwischenspiel

Vom Meer,
von den Wasserbergen
kommt mit dem Südwind
der letzte Monat des Jahres.
Frost hockte schon
zwischen Wurzeln,
brütete sich weiß
in Nebelnestern.
Nachts stieg er hinauf
lautlose Spur
auf den Zweigen.
War kein Fuß,
keine Hand,
nur der Atem
verrät.
An den Tag kam
das Unsichtbare
zu früh.
Nun hat der Dezember
der Erde zurückgegeben
noch einmal, was ihm gehört
Tropfensaat
aus ihr keimt,
was niemals ruht
das streichelt, das peitscht
das hat seine Spanne: Zeit
das wäscht
das Eis aus dem Blut
bevor
es zu spät ist.

1978

Da ist der geringste
Widerstand
wo ich hingeh
die süße Verlockung:
Blick nicht zurück
was war
führt vorbei
unaufhaltsam:
was ich tat
was ich nicht tat
was getan war
ohne mich
vor mir
Beladen ist jede Minute:
mit allem Gepäck
das mir
aus den Händen fiel
Was kommt nach der Nacht?

Ich müßte zurückschaun:
Dort liegt
das Maß der Erwartung
Zu schwer
fürs Minutengefährt
Nein, nicht verdorrt
sind die Blüten
sind Bilder noch
und schon Wort
Verlogen nur
ist ihr Duft
als sie heute hinter mir warn
müd von
vergeblicher Einladung
Solang noch
der Fuß
den Fuß überholt
bleibt
eine Spur

Herbst in der Stadt

Zwischen den Häusern das Gras
zittert gelb, das Sonnenbett oben
ist grau bezogen. Bedürftig die Augen
der karggrünen Insel; sie birgt sich
im Dämmer. Stärker nun brüllt
die Stadt, mühsamer wird's
die Stille zu hören, anders ist hier
der Herbst, ein Überfall in der
Frühe. Säh ich die tröstliche Erde
und den endlosen Auslauf des Winds –
fröhlicher trüg ich die Last des Jahres
und die Konturen der Dächer. Blühten
nicht abends die Fenster am Weg,
den ich kam, fänd ich im Nebel
nicht heim, selbst das Gras nicht
zwischen den Häusern.

An der Schwelle

Aber das Maß:
zu groß
und zu klein

Das kalte Feuer
der brennende Schnee
Aus den Brüsten
den Durst
Aus der Erde
den Hunger

Was kam
über uns?

Nachher:
die Grille
der willige Wind

Wandern durch Wände
genagelt an die
Balken der Nacht

Die sanfte Berührung
Die Stimme. Wenn´s
still wird
wieder und wieder
geboren
Die gleichen Hände
halten mich
vor dem Fall

Wer kann mich fangen?
Wer hat mich gefangen?
Ohne Finsternis –
nichts wüßt ich
vom Licht

Sommerende

Der Sommer ist nun müd
und lächelnd still geworden.
Ein kleiner Wind von Süd
spielt zwischen Gartenpforten.

Die Schwalben sammeln sich
auf Telegrafendrähten.
Die Sommerwiese blich,
in die wir Liebe säten –

Die Felder sind nun leer –
und voll die Erntewagen.
Die Lippen blühen schwer.
Die Saat hat Frucht getragen.

Der Sommer ist so müd
und lächelnd still geworden.
Ein kleiner Wind von Süd
schläft vor den Gartenpforten.

***

Am Horizont die Berge tragen einen Schleier.
Die Brache trank sich satt vom ersten Schnee
der Nacht, der schnell verging im Morgengrau, als sei er
dem Traum zu nah, durch den ich schweigend geh.

Das Gras am Wegrand ist längst gelb, verweint und müde.
Nur Hagebutten leuchten dort am Strauch.
Die Frucht glüht stärker nach dem Frost als einst die Blüte
Gezeichnet wartet sie, wir warten auch.

*Die Pappeln stehen
schamlos nackt Spalier*

***

Wenn einer geht, dann gehen alle
Der Mensch ist eben nur ein Herdentier
Ich bleibe plötzlich stehn und falle
Dann liegt das Ich zertreten unterm Wir

Novemberelegie

Auf den Knien
krochen die Knechte
zu Kreuze
fraßen Staub
Ach welch ein Durst
nach Vergebung
das Vergebliche
vergessen
machen
hilflos und unbeholfen
vor den Brücken
um drüber zu gehen
oder darunter zu schlafen

Endlich
die Wahl:
HABEN
Gestern noch
in Blitzesdauer
vor der Geschichte
als sie zum letzten
Male die Mauer sahen
waren sie
das Volk

Frühjahr 2008

A und O

Am Anfang, sieh, sind alle Wege offen.
Die Sterne tanzen, sind zum Greifen nah.
Die Welt besteht aus unentdeckten Stoffen
und Augen trinken, was noch keiner sah.

Da ist es Zeit, sich weit nach vorn zu träumen,
Nur eine Last, die keiner tragen mag: was war.
Zuhaus in unbewohnten Räumen.
Schlaflose Nächte vor dem nächsten Tag.

Nicht ich, nicht du, wir schmelzen in den Bränden,
im Feuer blind, vom Schrei der Hoffnung taub.
Und steh'n dann nackt und stumm mit leeren Händen.

Hoch, unerreichbar streicht der Wind durchs Laub.
Was war, liegt bloß. Welch ein Verschwenden.
Am Ende rieselt durch die Finger Staub.

Leise

Leise, so unhörbar leise
fällt, von weit oben, der Schnee.
Da dreht sich das Wort im Kreise,
leise, unhörbar leise
ist jeder Schritt, wenn ich geh.

Leise, so unhörbar leise
lockt, wenn ich müd bin, die Nacht.
Da geht der Traum auf die Reise
leise, so unhörbar leise.
Welch eine Übermacht.

Leise, so unhörbar leise
wächst, was wir festhalten bald.
Für jede Schuld: Beweise.
Leise, so unhörbar leise
wird, was mich wärmt, zu kalt.

***

Ein wirres Muster
Acker und Schnee
Fleckentuch
über drängender Saat.
Die Hände auflegen
sie tasten
schwerelosen Schlaf
und die Last
sich öffnender Lider.

***

Es heißt, die Macht war uns gegeben:
Wir sollten endlich anders werden,
die Welt verändern, glücklich leben
und nehmen, was wir lang entbehrten

Der Blick zu fernen Horizonten,
der Traum, wir könnten sie erreichen
aus Dunkelheit hin zum besonnten
Gefühl als Gleicher unter Gleichen.

Gebeugte werden sich erheben,
und lernen und sie werden lehren
und keiner greift mehr zu Gewehren.

Wir warn uns nah und wurden Weggefährten
und haben Macht zum Anderswerden
am End aus unsrer Hand gegeben.

***

Als ob das alles wär –
Einrollen die Lichtfahne
Im Staub vor dem Haus

Das Wesentliche

Wenn die Nacht
fällt wie Nebel
von tagfernem Traum
wenden sich Zeiten
welken die sieben Häute
der Zwiebel.
Was heraufkommt
trägt verlorene Zeichen,
das Weh der Wegelagerer,
Wolkenlast, Windflüstern,
das Weinen der Wälder.
Wo aber war ich,
wenn die Nacht wüßte,
was der Tag weiß.
Das Blatt
wendet sich
wieder.
Wie immer
wagt sich das Gras
auf die Strecke.
Worte treten es
nieder.
Wer gewinnt, hat gewagt
und alles verloren.
Eine Wärmestube
die letzte Zuflucht
vor dem Winter.
Die Welt,
sagen die Leute,
ist wie sie ist.

***

Sie kommen
von draußen,
brechen durch
die geschwärzten Wände
zum gelöschten Gedächtnis.
Sie beißen
ins Leere,
ins Fleisch.
Sie heulen
enttäuscht
und hungrig,
wie Wölfe.
Sie sind
nicht
zurückgeblieben
in den verbrannten
Wäldern.
Sie verbergen
sich nicht.
Die Augen
sehn sie
und sehn sie
vergeblich.
Was ist zu erkennen
ohne
Vorbild?
Nur der Schmerz hat
die Erinnerung
aufbewahrt.

Schneebeere, rot
Für Eva und Hildegard

Was weiß der Schritt noch? Die Augen
suchen, was gestern schon war.
Tränen aus Wolkenschaum laugen
Farbe und Licht aus dem Jahr.

Jetzt falln die Blätter. Die Beeren
drängen sich näher zum Strauch.
Ihr Rot – ein letztes Sich-wehren.
Über den Dächern der Rauch.

Was wissen Hände, die frieren?
Fühlen doch Früchte und Blatt.
Wie kann man alles verlieren,
was man sich genommen hat?

***

Kommt zu mir, die ihr mühselig
und beladen seid,
warb am Hauptbahnhof
der erste Gepäckträger
nach der Wende.
Da wußte ich:
Jesus ist auferstanden.

Sperrt euch doch nicht, ihr Träumer, wach zu werden.

Das war die Ahnung der Kindheit
den Fuß aufsetzen
und spüren: Du berührst
den Boden nicht mehr
Da konntest du von dir werfen
die Flügel der Engel
Was wußtest du von der Luft, die dich trug
Da war vielleicht
der Duft frischen Brots
oder das Rascheln im Pfeifenkraut
Wie könnte Erde dir wehtun

***

Am Morgen sind die Lider schwer
Und eingemauert sind die Beine,
und auf dein Herz zielt ein Gewehr.
Der Tag läßt seine Hundemeute von der Leine.

Wer jetzt nicht gehn muß,
bleibt für immer liegen.
Wer jetzt nicht sehn muß,
wird in Träumen fliegen.

Am Abend ist der Himmel leer,
wie Hände leer, als wärn da keine.
Und auf dein Herz zielt ein Gewehr.
Die Nacht hebt Gräber aus und Sterne regnen Steine.

Wer jetzt noch stehn muss,
wird für immer fliegen,
und den, der gehn muß
wird die Meute kriegen.

Der Tag rann ihm durch die Finger

Er war mit dem Aufzug gefahren. So leicht geht das, fiel ihm ein Werbespot ein, und er dachte, so leicht geht das. Er registrierte die Losungen an den Wänden, hier und da etwas Putz herausgekratzt: Ausländer raus, Nazis raus, Homo, Ficker, Ich liebe dich. Kaum noch lesbar: 18. Stock. Die Müllschluckertür stand offen, auch eine Variante, ging es ihm durch den Kopf. Dann stand er auf dem Balkon, blickte hinauf in die Wolken, suchte nach einer Zigarette, und beim Anzünden sah er hinunter auf den Parkplatz, der zur Nachtzeit leer war, und lächelte.

Seltsame Erscheinung

Manchmal im Winter
wenn die Sonne am höchsten steht
unter Schneewolken
kannst du sie sehn:
Über Straßen brausen sie
hüpfen in Schaufenster
und Schlüssellöcher
Sie wimmeln über Äcker,
wo einer wacht
oder schläft
da nehmen sie, was ihnen
zukommt: Zeit
von der anderen Seite
die kalten Flammen
die blauen Bettler
wir gehören ihnen
ganz.

Nur auf Friedhöfen
und Schlachtfeldern
such sie nie
Dort sind sie
ihrem Ursprung
zu nahe

Kein Wind
bläst sie aus,
nur die nächste Minute
schon läßt
dich alles vergessen

Die Leute binden
ihren Schal fester
Eine Straßenbahn
hält an der Kreuzung
und irgendwo
putzt einer seine Brille.
Der Wasserhahn tropft.

***

Weiß treiben die letzten Stunden
Des Jahrs die Straßen entlang.
Die eine hat mich gefunden
Die andere ist schon verschwunden
Und lockt mich, fang mich doch, fang.

Sie hat mich ein Stück getragen
Ich trage ein Stück von ihr
Und die jetzt geht, kann ich fragen
Die neue kann mir nichts sagen
Sie ist noch kein Teil von mir.

Im Jahr sind so viele Stunden
Unmerklich, aus und vorbei.
Und keine ist angebunden
Sie schlagen und heilen Wunden
Sie fangen mich, lassen mich frei

Im Gehen und Kommen und Gehen
Ich muß, was sie tragen, bestehen.

Einsicht

Der Abend blutet am Horizont.
Der Wind schläft ein in den Straßen,
und jeder Tag ist vom Vorher geklont
wie im Märchen von Igel und Hasen.

Der Speicher Erinnerung wird schnell leer.
Erblindet ist der Spiegel der Träume.
Was jetzt noch kommt, ist das Nimmermehr,
verflogen die Angst, daß ich etwas versäume.

Was ich auch wollte, es ist zu spät,
um mich und die Welt zu ändern,
und eh' der Hahn noch dreimal gekräht
bin ich nackt unter Prunkgewändern.

Der Abend blutet. Das Maß aller Dinge –
die Hoffnung – einst – daß ich Feuer finge.

24./25. Dezember 2012

***

Die Pappeln stehen schamlos nackt Spalier
Für dunkle Tage, für eisigen Wind
Vielleicht auch für mich, denn ich bin noch hier
Bis alle Zeit im Herzen gerinnt.

Die Füße wissen, es gibt kein zurück
Die Augen suchen noch nach dem Weg
Den muss ich allein gehen, das letzte Glück
Bis ich mich müde zum Ausruhen leg.

Die Pappeln stehen schamlos nackt Spalier
Und jeder kann sehen, da kommt niemand mehr
Und keiner fragt mehr nach dir oder mir
Das letzte Bild bleibt am Ende leer.

Herbstgedanken

Hoch überm Dachfirst
Himmel
kränkelndes Blau.
Das Sonnengelb
sickert
in die Blätter der Linden,
die müd sind des Widerstands
gegen den zeternden Wind.

Unter den Flügeln der Schwalben
wächst schon das stille Vergehn.

Ich hebe –
noch vor dem Schnee –
ein Grab aus
für den billigen Trost
Wiederkehr.

Die Blätter,
die aufsprengen
die nachtzarte Knospe,
werden andere sein.

Die Schwalben schreiben Zeichen
an den Himmel, uralte Schrift
der letzten warmen Tage!
Der Mittag atmet leis,
die Bäume warten.
Geduldig schmückt das Gras
die Dämmerung.

Das Jahr schlüpft in die Haut
der blauen Stunden, vor meinen
Augen wandelt sich das Licht.
Da schläft die Rose ein, das Feld
träumt, daß ich Wurzeln schlage.

***

Milchblaue Wölbung
hintan gerückt schon vom Mittag
Feldlinien der Äcker,
ausgerichtet sind Scholle
und Krume in die Gerade
Drübergesät Winters Himmelskorn
Das fiel durch den Wind,
unsre lautlosen Stimmen,
die unsichtbaren Bilder.
Was weiß
das Weiß
von alledem?
In dieser Stunde
wiederholt es Wölbung
und Fläche.

Wahrheit und Augenschein,
von beidem genug.

Erst wenn´s wurzelt
und aufgeht
in grüner Hülle,
schließt das Geheimnis sich auf,
von dem unsre Sinne
nichts wissen,
wir lesen die Zeichen,
noch bleibt uns
die Nachricht
verborgen.

***

Ist´s wie ein Gehen über Scherben
oder ein Schlaf, traumlos und tief,
ist´s ein Erinnern, das mich rief,
ein dunkler Ton, der in mir schlief,
der kennt den Tod, doch
nicht das Sterben.

***

Warmer Wind wird wehen, wenn
zu mir kommt der Schlaf
auf den ich brüderlich gewartet habe
Wenn ich zu müd bin, um noch müd zu sein
dann tritt er sacht in meine Augen ein
der große blaue Falter, den ich anders traf
am Rand der Nacht mit seiner Träumergabe

Und Stille wird dann sein
ganz still, auch ohne Wort
Am Weg der Grashalm wird nur nicken
bis morgendliche Winde ruhn
Tau wird bald werden
Und Sonne wird im heißen Himmel stehn
Und von der Quelle, die ich hergab,
geh ich fort.
Das Meer am Ende werd ich nicht erblicken.

Das Tuch der Blindheit blieb nur kurz zerrissen.
Vielleicht sah ich der Farben Übermaß
und fühlte sehend Haut und ahnte Wissen
sah groß den Himmel, sah ihn und vergaß

Verirrtes Lied

Unterm Lid des Morgens weint die Nacht,
hat von unsern Lippen lang getrunken.
Nahm von deinen Schultern Wolkentuch und sacht
haben wir ihr – Abschied – nachgewunken.

Schwer beladen ging sie: Flüsterwort:
Schmolzen Haut in Haut und brannten,
flogen mit dem Feld zu allen Sternen fort,
die wir jubelnd unser, Heimat nannten.

Stürzt das Licht nun von den Felsen nieder
wie ein Schrei, ein lautes Lachen: Wacht!
sind wir anders und wir sind es wieder,
unterm Lid des Morgens weint die Nacht.

Unsichtbar

Windpferde ziehen die Regenkarren,
Stunde um Stunde, ein endloser Troß.
Hoch überm Dach, das Stampfen und Knarren.
Salzlose Tränen, die keiner vergoß.

Lichthäute lösten sich von den Dingen.
Bäume. Sie treten zurück in die Nacht.
„Sprachlos und kalt", wieviel näher klingen
Schrei und Getümmel der ewigen Schlacht.

Lidloses Auge. Nicht sehn, doch wissen.
Sonne, kommt Sonne? Fiel die Tür ins Schloß?
Jahrtausendzeugnis, verweht, zerrissen:
Steigen wird wieder, was hinunterfloß.

***

Die Saite springt.
Der Steg der Geige trägt nicht mehr
den Fuß zum Stillewerden.
Da ist kein Platz in den Wolken,
da ist das Bett schon besetzt.
So bleibt uns das Ufer
diesseits, das Flüstern der Weiden.
Erinnerung schnitzt eine Flöte
für niemandes Mund.
Der Fluß fließt im Kreis,
und stirbt nicht
und wird nicht geboren.
Jetzt hebt das Gras
unsere Last und wiegt
uns zur Ruh.

***

Nicht immer, wenn ich stehen bleib
ist schon der Weg zu End
Aus manchem Feuer steigt noch Rauch,
auch, wenn es nicht mehr brennt

Nicht immer, wenn ich stehen bleib
bin ich zum Gehn zu müd
Aus manchem Baume treibt noch Grün,
auch wenn er nicht mehr blüht

Nicht immer, wenn es dunkel wird
hat sich der Tag geneigt
Aus mancher Stunde fällt das Lied
Auch wenn's verstummt: Es steigt

Nicht immer, wenn ich stehen bleib
kann ich noch weitergehn.
Und viele Früchte trägt das Feld,
auch, wenn wir's nicht mehr sehn.

Mitte

Wenn alle Wege in das Dunkle führen
wenn alle Träume brennen und erfriern,
bin ich am Ziel, hab nichts mehr zu verliern.
Im Übermaß kann ich die Leere spüren.
Jetzt ist es Zeit, noch einen Schritt zu tun
und im Gewicht der Worte auszuruhn.

April 2011

***

Gleiten hinüber in sanftere Träume.
Augenlos. Wimpernschlag. Ahnung von Licht.
Verschlossen hinter mir sind alle Räume.
Türen vor mir, die öffnen sich nicht.
Bilder von Wegen, ein Gruß der Bäume.
Gleiten hinüber in sanftere Träume.

***

Ungläubig aufgetaucht
Aus Abgründen
Über mir Himmel
Postkartenblau
Die Sonne
Aus einer anderen Welt
Zwischen Traum und Erinnerung
Unentdecktes Land
Lockt
Vergeblich
Mein Fuß wird es nicht mehr betreten
Die ausgetretenen Pfade
Enden jäh.
Die Augen trinken sich
Satt
Noch einmal
Atem der Erde
Streichelt die welke Haut

Erwartung

Leicht ist die Luft und lau:
Jetzt ist es Zeit zu fliegen,
sich in den Wind zu schmiegen,
in Arme einer Frau.

(Mit jedem Schritt trag ich dies Bild.
Kalt wird's, wenn wir uns grämen,
uns ins Vergessen schämen.
Welch Durst, den keiner stillt.)

Kalt wird der Tag und grau
Nun ist es Zeit zu schweigen.
Die Stille kann uns zeigen:
Der Reif am Weg ist rau.

April 2011

***

Das alte Spiel, wenn's den da oben gibt, ist's abgekartet.
Du mußt erst gehen, um wieder anzukommen,
und was du festhältst, das wird dir genommen.
Du bist erst einsam, wenn du weißt, daß niemand auf dich
 wartet.

1. November 2011

Wände, so viele Wände,
gefangen im Labyrinth
such ich helfende Hände
ehe die Zeit mir verrinnt.

Steine, so schwere Steine
Eine vergängliche Last
Wenn ich durchsichtig scheine
Ein Zucken, das bald verblasst

Schweigen, am Ende Schweigen
Mit Augen, die nichts mehr sehn
Hände, die nichts mehr zeigen
Ertasten doch das Vergehn

8. Februar 2012

Die blaue Feier des Morgenlichts
mit Meereschoral und sandiger Haut
sie lädt mich ein zum Tanz mit dem Nichts
und was in mir schweigt wird zum Klagelaut

Verdorrt fällt von meinen Lippen das Wort
nur leere Hülle von Träumen und Lust
und ein eisiger Windhauch bläst sie fort
ich hab zu viel von zu wenig gewusst

8. / 9. Februar 2012

Die Jahre fallen wie Schnee
Und brennen auf meiner Haut.
Wohin ich auch immer geh –
Es ist mir schon lange vertraut.

So nah ist unendlich weit
Gefunden ist schon verlorn
Die Ahnung von Zwischenzeit
Sie stirbt und wird neu geborn.

16. Mai 2013

Der Morgen hängt Blei an meine Lider
irgendwo, ein paar Schritte nur wartet mein Spiegelbild
und will mich das Grausen lehren
Es weiß alles von mir
Ich will mich nicht sehen, hingekauert
in der finstersten Ecke
Auch die blutleeren Adern,
das zerbrochene Herz
Ein letzter Versuch ins Vergessen zu sinken
dann zwingt mich eine uralte Macht,
die Augen zu öffnen
auf der Flucht geboren
in eine merkwürdig vertraute Welt
um Antwort zu geben
auf eine Frage, die niemand stellt

17. Mai 2013

Da ist eine Stimme, die befiehlt mir: Geh.
Wenn ich nur wüßte wohin
Da sind keine Wege, kein Licht, das ich seh
Still zu stehn ist ohne Sinn

Da ist eine Stimme, die lockt mich: Komm
Sie ist mir fremd und vertraut
So ganz ohne Gott und am Ende fromm
Die Stimme ist mir zu laut

Ich schweige und hör keine Stimme mehr,
hör nur das Rascheln im Laub
Um mich herum ist die Welt stumm und leer
In sich versunken und taub

25. August 2013

Ich weiß noch, die blaue Blume
Des Ackers fruchtbare Krume
Das Blätterrauschen im Wind
Die Zeit, die gerade beginnt
Das alles gehörte dem Kind

***

Lust voller Last und Schuld, da man verzeiht
Wär's leicht zu sagen, jetzt bin ich bereit
Fragen. Schmerz wie Peitschenhiebe
Antwort lodert auf im Feuerkleid
Mund der Erde, die nur Asche speit
Auf das Feld und auf den Keim der Liebe
Wer aber fragt mich, ob ich bliebe
Hier rinnt die Zeit mir aus der Haut
Hab ich denn nur auf Sand gebaut
Was ist's, das mich von hier vertriebe?
Gehen oder Bleiben, alter Widerstreit.

***

Dein Gedicht, sagst du, soll öffnen meine Türen.
Es soll dort leuchten, wo ich nichts mehr seh.
Ach es kann führen, und es kann auch verführen.
Und weiß doch nur von diesem einen Weh.

Wo´s herkommt?
Über die Grenze ein Schritt.
Wo´s hingeht?
Dorthin nimmt dich keiner mit.

***

Die Nacht neigt sich zum dunkelsten Grund
Dort werden jetzt die Tage begraben
Die warn voller Sonne und erdenschwer
Erinnern, was wir vergessen haben
Und Stille spricht aus versiegeltem Mund
Hier ist der Ort ohne Wiederkehr

Herbstlich

Die Bäume stehen schamlos nackt
Spalier an Straßenrändern.
Das schreit ich ab, müd und bepackt
mit eisernen Gewändern.

Die beugen meine Schultern hin
zum Grund, wo ich erwartet werde.
Dort liegt vielleicht der tiefe Sinn
des Wegs auf dieser Erde.

Die Bäume stehen schwer bepackt
Spalier an Straßenrändern.
Wir kamen einst – schutzlos und nackt,
um Welten zu verändern.

November 2010

***

Der Schlaf weiß von nichts
Er trägt meine Bürde
Vom Abend zum Morgen
Und legt sie, wenn ich wach werde,
wieder auf meine Schultern.
Schwer wiegt die verlorene Zeit,
in der eine neue Welt wartete
auf viele wie mich.
Aufbruch zwischen Hoffnung und
Zuversicht
Wir sprengten Ketten
und hatten viel zu verlieren.

Der Schlaf weiß von nichts.
Wo sind wir geblieben
Wer geht an meiner Seite
Sind wir unterworfen
auch unterwürfig?
Um mich herum
seh ich nur Sieger
Sie haben sich selbst besiegt
und die Vergangenheit
zertreten wie einen Wurm

Der Schlaf weiß von nichts
Wer ist übrig geblieben
wie ich
Wer rettet vor der Demut
noch das Quentchen Mut
den verkauften Schatten
zu suchen,
ohne den das Licht
unsichtbar wird
Hinter uns blieben die
Mühen der Ebene zurück
und die Berge finden sich vielleicht
hinter dem Horizont.
Ich habe Angst
daß demnächst
der Schlaf alles weiß,
was ich vergessen habe.

Ich hab sie gesehen

Wer wird mir
glauben in
zwanzig Jahren
oder übermorgen?
Über der Stadt,
den Antennen,
den Schornsteinen,
den Rauchfahnen,
in manchen Nächten
noch seh ich
die Sterne.
Sie hängen lose
weit oben.
Sie baumeln
im Wind
und fallen
und regnen
und treffen
mich
und verwunden
die Dächer.
Sie brennen ihr
Zeichen
in Asphalt und
Beton und in
Blätter, sie
streuen die Ahnung
aus von
früheren Bildern.

Wenn wir die
Sterne nicht sehen,
vielleicht sind sie
auf uns gefallen
oder unsichtbar
oder ein Märchen.
Wer wird mir
glauben?
Ich hab sie
gesehen
die Sterne.

Seine Zeit

Als ich Kind war, beim Gang durch den Garten
die Blüten verheimlichten nichts,
was vor ihnen war, danach. Das Warten
auf ihre Sekunde des Lichts.

Alles hat seine Zeit,
das wollten sie mir sagen,
das allerschönste Kleid
kannst du nur einmal tragen.

Wenn ich gehn muß, dann werd ich es ahnen,
begreifen kann ich es wohl nie,
was am Morgen erblüht, will uns mahnen.
Der Abend kommt immer zu früh.

Das Ziel ist nah und weit,
gehst du die ersten Schritte.
Und plötzlich: Schreck und Bitte.
Alles hat seine Zeit.

Der blaue Vogel

Der blaue Vogel spannt die Schwingen,
er streift die Erde, die ihn trug
und trennt sich von vertrauten Dingen
und taumelt in den ersten Flug.

Die Höhe lockt, die Niederungen
sind ungeordnet für den Schritt.
Wer sich bezwingt, hat ihn bezwungen
und trägt ihn in die Höhe mit.

Der blaue Vogel fühlt sich steigen,
so mühelos und fällt doch schon.
Das Lied, das anhebt, muß bald schweigen.
Der erste ist der letzte Ton.

´s war nur ein Schritt
Morgen und Mittag und Abend und
Trägst zu viel Erde mit
unter den Flügeln und auch im Mund.

***

Atemlos an der Schwelle
erwachen
in der Umarmung des Schreis

***

Was wäre, wenn
ich nie geboren wär
was wäre denn
es wüchs das Gras
die Häuser stünden
fest
wie eh
Was wäre, wenn
die Erde nie
des Menschen Fuß
gespürt
was wäre denn
sie drehte sich
und keiner hätt
gesehn
wie sie erblüht
Was wäre, wenn
Was wäre denn
Es wüchs das Gras
und wär doch nicht
das Gras
Es wär die Erde nicht
Sie dreht sich
auf uns zu
seit Anbeginn
Was wäre, wenn
Was wäre denn
Die gleichen Fragen
stiegen aus dem Meer

Inhaltsverzeichnis

5	Vorwort
8	Der Autor
9	Der Herausgeber
10	Mein Leben
11	***... und überall hin kannst du gehen***
12	Wo ein Weg ist
13	Kindheit
15	Bevor das Auge lernt
16	Vierfaches Verbergen
17	Sehen II
18	Stunde der Wunder
19	Du
20	Der Mond
21	Kann sein
22	Das war ...
23	Trieb ein welkes Blatt
24	Die Segnungen des Nebels
25	Weißt Du ...
26	Ich bin nur mit der Nacht allein
27	Sehnsucht ... (Für H.G.)
29	in jener nacht
30	Du gehst durch mich hindurch
31	singend und sacht
32	vom wind
33	Wenn Liebe stirbt
34	Bitte
35	Laß mich fortgehn
36	Sommerende
37	Voll Stein
38	Straße
40	Noch geben die Hände Antwort
41	Am Ende war der Anfang
44	Ins Meer der Geschichte
46	Über die Ja-Sager

47	Heiserkeit
48	Heimweg
49	Sterblich sind sie
50	Mauersonett
51	In diesem Nebel
52	Das Gras
53	Durchgang
54	So beginnt´s
56	Von Anfang an
57	Zwischen der Zeit
58	Wohin wir gehen
59	Januar 76
60	Auf dem Berg
61	Die Stimmen der Erde
62	Wie sollt ich glauben
63	Auf Bruch
64	Das Wort
65	Grün reden die Bäume
66	Das Gras
67	Manchmal im Sommer
68	Auf einer Straße
69	Letzte Nacht
70	April
72	April II
73	Sanduhr
74	Frühlingsprotokoll
75	Blüten öffnen sich
76	Umkehr
77	Mairegen
78	Einsicht
79	Auf der Rückseite des Spiegels
80	Beobachtung
81	Sehen
82	***Uralte Sehnsucht, seit wir Kleider tragen***
83	Als ich vom Baum
84	Der Bildhauer – Für Hans Kies

85	Staub
86	DER WEG ZUR SONNE –
	Auf Bilder Vincent van Goghs
	Die Kartoffelesser
87	Die Lerche
88	Der Gekreuzigte – Zur gleichnamigen Plastik von Fritz Cremer
89	Wir sind uns so nah
90	Poesie
92	Stehpunkte
94	Immer noch
95	Kassandra
96	MEISTER UND MARGARITA
	Meister
98	Margarita
99	Uralte Sehnsucht
100	Drei Sätze über die Haut
101	Geschnitten
104	Vom Liegen im Grase
105	Abendlied
106	Grashalme – Für E.
107	Hungrig stürzt von den Bergen
109	Mitternachtselegie
110	Wie sind wir fremd uns
111	Trüber Morgen
112	Das ist´s nicht
114	Wegbericht
116	Hingehn
117	Am Meer
120	Verhext
122	Prerow-Sommer
125	asterland
126	Ich komme daher
127	Gestrandet
129	Die Welle
130	Singe, durchsommerte Wiese

131	Zu den Orten
132	Vor der Ernte
133	Atemloses Licht
134	Das Blaue vom Himmel
135	Septembertaggold
136	Ach, diese flüchtigen Wolken
137	Gehlsdorfer Morgen
138	Erwachen
139	Venedig
141	Hirschgarten
143	LANGE REISE NACH HAUSE
	Berlin-Moskau
144	Moskau
145	Kasan
146	Kasan, Gorki-Museum
147	Kasan, Flughafen
148	Uljanowsk, Wohnhaus der Familie Uljanow
149	Uljanowsker Morgen
150	Sauna in Wolgograd
151	Wir rücken näher zusammen
152	Weg zur Arbeit
153	Über dem Blütenrausch
154	Die Straße
155	Gewohnte Ansicht
156	Mutmaßung
157	Die Straßen sind wie graue Fliegenfänger
158	Laßt mich
159	Jede Stunde
160	Mainelke
161	blitzlichter
162	Mose, 20. Jahrhundert
163	In den Ebenen
164	Zwischenspiel
165	1978
167	Herbst in der Stadt
168	An der Schwelle

170	Sommerende
171	Am Horizont die Berge
172	*Die Pappeln stehen schamlos nackt Spalier*
173	Wenn einer geht
174	Novemberelegie
175	A und O
176	Leise
177	Ein wirres Muster
178	Nebelstrand
179	Tagtraum
180	Es heißt, die Macht war uns gegeben
181	Als ob das alles wär
182	Das Wesentliche
183	Sie kommen
184	Schneebeere, rot
185	Kommt zu mir
186	Am Morgen sind die Lider schwer
187	Der Tag rann ihm durch die Finger
188	Seltsame Erscheinung
190	Weiß treiben die letzten Stunden
191	Einsicht
192	Die Pappeln stehen schamlos nackt Spalier
193	Herbstgedanken
195	Milchblaue Wölbung
196	Ist´s wie ein Gehen über Scherben
197	Warmer Wind wird wehen, wenn
198	Verirrtes Lied
199	Unsichtbar
200	Die Saite springt
201	Nicht immer, wenn ich stehen bleib
202	Mitte
203	Gleiten hinüber in sanftere Träume
204	Ungläubig aufgetaucht
205	Erwartung
206	Das alte Spiel
207	1. November 2011

208	8. Februar 2012
219	8. / 9. Februar 2012
210	16. Mai 2013
211	17. Mai 2013
212	25. August 2013
213	Lust voller Last
214	Dein Gedicht
215	Die Nacht neigt sich
216	Herbstlich
217	Der Schlaf weiß von nichts
219	Ich hab sie gesehen
221	Seine Zeit
222	Der blaue Vogel
223	Atemlos an der Schwelle
224	Was wäre, wenn
226	Inhaltsverzeichnis